ちくま新書

週末起業サバイバル

藤井孝一
Fujii Koichi

811

週末起業サバイバル【目次】

章扉イラスト　横山裕一

はじめに

「日本を、起業家であふれる国にする！」

そんな使命感から書いた『週末起業』（ちくま新書）は、多くの方にお読みいただきました。あの出版から6年、世の中は大きく変わりました。景気は、いったんは回復し、戦後最長の好景気とまでいわれました。しかし、サブプライム問題や世界同時不況のあおりで再びどん底に転落しました。

景気に浮き沈みがあるのは当たり前ですが、その間、一貫して変わらなかったものがあります。それは、サラリーマンの置かれた厳しい状況です。給与は年々減っています。にもかかわらず、税金や社会保障などの負担は増え続け、実質的な手取りは減っています。将来への不安は募るばかりです。

こうした不安に対して、ビジネスパーソンたちは手をこまねいていたわけではありません。たとえば、スキルアップで武装を試みています。資格や英会話、最近では思考法や速読術まで、ビジネスパーソンの間で勉強が大ブームとなりました。勉強会が流行し、ビジネス書もよく売れています。仕事術の伝道師たちは、ヒーローのような扱いです。

しかし、そうした仕事術の習得は、問題を抜本的に解決してはくれません。理由は、これらの仕事術は、職場の存在を前提にしているからです。今、直面しているのは、職場が自分の能力や努力に報いてくれないことです。そして職場が突然なくなること、または自分が職場から追い出されることに対する不安です。それ以前に、まだまともな職場が見つからない方さえいるかもしれません。**職場の存在そのものが不確かなのに、職場で活躍するためのスキルを身につけたところで、不安が解消できるわけはありません。**残るのはむなしさだけです。

もっとアクティブに現ナマをつかみとる努力を始めた人もいます。いわゆる副業です。副業をする人は、年々増えています。インテリジェンスが行った副業の実態調査結果によると、過去に「副業をしたことがある」と回答した人は30・9%と、2007年の調査結果の2倍になったそうです。

しかし、残念ながら、その多くがいわゆる空き時間を使ったアルバイトです。いわば単なる時間の切り売りで、せいぜいお小遣い稼ぎです。もし、職場を追われれば、やはり生活は成り立たなくなります。

そこでお勧めしたいのが、会社を辞めずに起業する「週末起業」です。仕事を辞めずに自分のビジネスを立ち上げてしまいます。これなら、給与という安定継続収入を維持したままですので、低リスクです。給与を超える所得が手に入る可能性さえあります。

前作執筆の時と違うのは、**週末起業がサバイバル術になった**ことです。前作の時は、サラリーマンのやりがい、生きがいとして週末起業を提唱しました。しかし、このご時世で、そんなことは言っていられなくなりました。

思えば、何を隠そう私自身、週末起業をはじめたきっかけはサバイバルです。出世コースから外され、このまま職場にいても生活が成り立たないし、いつかリストラされるかもしれないという恐怖から逃げ出したくて始めたのです。そんな私の、退職に至るまでの不安な2年間をいやし、独立を助けてくれたのが週末起業でした。

私の体験は10年前の話ですから、役に立たないところもあると思います。ただ、私には誰にも負けない強みがあります。それは、週末起業を志す、多くのサラリーマンに今も囲まれていることです。彼らに対面し、日々彼らの肉声を聞いていることです。週末起業フォーラムで勉強している人は、常時2000人います。彼らの泣き笑いを、間近で見ているのです。

そして、おそらく、誰よりもたくさんの週末起業と、それを志すサラリーマンたちを間近で見てきました。彼らと共に悩み、成長の喜びを分かち合ってきたと自負しています。そうした過程のなかで、ノウハウも蓄積できました。時代の変化に合せて、私の考え方も変えました。それを本書では紹介したいと思います。

何より、私は根っからのサラリーマンです。親兄弟から親戚一同、みなサラリーマンの、サラリーマン一家の出身です。だから、会社から独立するときは怖かったですし、周囲からも猛反対され、そのたびに揺れました。それでも何とか独立できたのは、週末起業を経たからです。**この経験を、今こそ全国の、将来に不安や閉塞感を感じながら、身動きがとれずにいるサラリーマンの皆さんと、シェアしたいと思っています。**

サラリーマンのサバイバル術として、週末起業以上のものはないと思います。おかげさまで週末起業は、テレビや雑誌などでも、しばしば取り上げていただきます。ところが、それを見たコメンテーターたち、いわゆる有識者と呼ばれる人たちのコメントは、判で押したように同じです。それは「そんなにうまくいくわけがない。本業に専念したほうがよい」というものです。実際にうまくやっている人がたくさんいるにもかかわらずです。そこで、成功事例を紹介するのですが、今度は「そういう人は、一部の優秀な人なんですよ」と一蹴されてしまいます。あたかも「あなたたち凡人には、無理。おとなしく、文句をいわず、今の仕事をしておくのが無難ですよ」と言わんばかりです。

彼らは、サラリーマンの置かれた状況、たとえば、給与や手取りがどんどん減っていく状況、将来職を失うかもしれない状況、正社員にすらなれない状況にいる人たちを目の当たりにしながら、それでも、ただ「会社にしがみつけ」とアドバイスしています。あたかも「凡人は、ジタバタするだけ無駄。理不尽な処遇にも我慢して、会社にしがみつこう。生活を切りつめて、ささやかな生活でも満足する術を身につけよう」と言わんばかりです。住宅は賃貸で我慢し、共働きをして、子どもへの教育も公教育にとどめても、それでも所得が足りない人がいます。それどころか、お金がなくて家庭さえ持てない人がいます。そういう人たちに対しても、「必死で仕事にしがみつき、つつましく生きていくことで満足すべきだ」というのです。

私は、普通のサラリーマンこそ、現状を打破するには、会社にいながら自分のビジネスを立ち上げるしかないと思います。確かに、それは簡単なことではありませんし、苦労もリスクも伴います。人によっては、多少の準備も必要だと思います。それでも、食べていくためには、今からやるしかないと思います。幸い、誰にでも挑戦することはできます。失うものはありませんから、万が一失敗しても、何もしない元の状態に戻るだけです。だから、一度やってダメでも、成功するまで何度でもトライできます。そのうちきっとうまくいくはずです。現状を打破するために、あきらめずにやるしかないと思います。

状況は、予断を許さないところまで来ています。私は、前作を「日本を起業家であふれる国にする」という思いで書きましたが、最近は起業を目指さない人にも週末起業を勧めています。なぜなら、誰であっても、好むと好まざるとにかかわらず、**独立せざるを得なくなる可能性が高まっている**からです。すでに、兆候は表れています。会社都合で退職に追いこまれ起業する人が年々増えているのです。しかも、その割合は、年齢が高くなるほど高くなり、50代では3割近くに達します。

かつて、憧れだった起業は、もはや宿命になったのです。「起業するか否か」を選ぶ権利は、もはや働く側にはありません。だからこそ、サバイバル術として、誰もが週末起業に挑戦することを考えるべきなのです。

週末起業については、もう十分普及したと思っていました。一般名称になり、パクリも登場したくらいです。しかし、それはとんだ思い上がりでした。仕事柄よく耳にするだけで、今でも「聞いたこともない」という方がたくさんいます。

そんなわけで、本書は前作『週末起業』を読んでくださった方はもちろん、「週末起業って何？」という方、「副業といえば、アルバイト」と思いこんでいる方に読んでいただくために書きました。

週末起業で成功した人は、生き生きと輝いています。世の中の報道は「サラリーマンは、皆どん底」という暗いものばかりですが、それは嘘です。サラリーマンでも、自分でビジネスを立ち上げ、それを心から楽しんでいる人たちが少なからずいます。彼らは、イキイキとしていますし、元気です。そんな、「サラリーマンの希望の星」ともいうべき人たちの存在を他のサラリーマンの皆さんに知っていただくことも、私の役目だと思っています。そんな思いで本書を書きました。

残された時間は、少なくなってきています。とにかく、本書を読んで、週末起業の素晴らしさを知り、週末起業を始めることを、できるだけ早く決意してください。そのためのガイダンスとして、本書をご活用ください。

第１章
雇われる生き方がリスクになった

†現実になった厳しい予測

私が『週末起業』を上梓したのは2003年です。当時は「失われた10年」といわれる長期不況の終盤でした。

当時は、バブルが崩壊してから出口が見出せず、名だたる大企業が倒産したり、外資に買収されたりするなどしていました。終身雇用の雲行きも怪しくなり「一生安泰」といわれてきたサラリーマン稼業も、すっかり「不安定な稼業」になりました。そんな環境下で上梓したのが『週末起業』です。

当時のサラリーマンは、先の見えない閉塞感でいっぱいでした。私自身、12年間のサラリーマン生活を終えて独立したばかりでしたから、サラリーマンが直面する環境の厳しさ、難しさを身にしみて感じていました。

幸い、私は会社にいながら中小企業診断士の資格を取ることに成功しました。その資格を活かして中小企業のコンサルティングを行い、講演や著述業などの仕事をしていました。はじめは細々と続けていたのですが、やがてビジネスが軌道に乗り、副収入が本業の収入を超えるまでになりました。これをよりどころにして、サラリーマン生活から脱却したのです。その時の体験と気づきをまとめたのが『週末起業』です。「起て、日本のサラリーマン！」というメッセージは、多くのサラリーマンから共感をいただきました。

発売から6年の歳月が経ち、その間にサラリーマンの置かれた環境は良くなったのでしょうか？

とんでもない。むしろ悪くなっています。当時の予想を裏切るペースで、シャレにならないくらい悪化しています。

一時は、企業の業績が回復し、悲観的な雰囲気は影をひそめました。企業は採用を増やし、労働市場は人手不足になりました。株価や地価も高騰し「ヒルズ族」「ニューリッチ」などと呼ばれる人たちが登場し、まるでバブル再燃の様相を呈していました。

しかし、80年代のバブルと違い、サラリーマンの置かれた環境は全く改善しませんでした。たとえば、好況期の5年間も一貫して、給与は9年連続で減少しています。額は9年間でなんと合計32万円も減少し、その結果サラリーマンの平均所得は437万円となりました（国税庁「民間給与実態統計調査」調べ）。日本経済が謳歌した景気回復の恩恵を、その立役者であるサラリーマンは、ほとんど享受できなかったのです。

私が『週末起業』を書いた2003年当時、やはりベストセラーだったのが森永卓郎さんの『年収300万円時代を生き抜く経済学』（光文社）という本でした。「年収300万円？　さすがにそこまでは……」と誰もが半信半疑でした。しかし、森永さんの予言は、いま不気味に的中しつつあります。

「民間給与実態調査」によると、ここ10年の間に年収300万円以下の人は300万人も増加し、**2007年には38・6％と、およそ4割の人が年収300万円となった**のです。

その後、森永さんは、2007年に『年収120万円時代』（あ・うん）という本を上梓されています。こちらも、200万円以下の人が1000万人を突破するなど、現実になりそうな勢いです。

†クビを切られるのは誰か？

雇用の安定性も失われています。派遣労働者の増加です。理由は、企業が戦後最長の好景気も、人手不足を正社員でなく非正規雇用労働者で補ったためです。長い不況のなかでリストラを進めてきた企業は「好況時に安易に人を雇うと、不況時に苦労する」ということを学習したのです。従業員を正社員として雇うと、滅多なことでは解雇ができません。だから、非正規雇用を積極的に増やしたのです。その数は、この10年間でなんと564万人も増え、今では1737万人を数えます。就労人口のなんと34％を占めました。今や、労働者の3人に1人は非正規雇用社員という時代なのです。

ところで、派遣社員というと、若いフリーターをイメージしそうです。だから「自分には、関係ない」と考える方もいるかもしれません。しかし、大きな間違いです。今、増加している派遣社員は働き盛りの世代です。たとえば、25〜34歳の人が10年前の1・7倍の309万人、35〜44歳では1・6倍と、各年齢層とも増えているのです。

正社員でなく派遣社員を増やす企業の方策は、功を奏しています。世界同時不況で業績が大きく悪化したときも、製造業をはじめ企業が真っ先に着手したのが「派遣切り」です。2008年12月末から行われた日比谷公園での炊き出しの風景は、衝撃的な映像として目に焼きついています。景気の変動に応じて人件費を調整できる便利さをおぼえた企業が、今後、そのやり方を改めるとは到底思えません。

†正社員も安泰ではない

「私は大企業の正社員だから大丈夫」とお考えの読者もおられるでしょう。しかし、上場企業の正社員も安泰ではありません。倒産やリストラがあるからです。東京商工リサーチの調べでは２００８年の倒産件数は上場企業で33件と、戦後最悪の数字です。

　上場企業のなかには、希望・早期退職者を募集する会社も急増しています。東京商工リサーチの調べでは２００９年に希望・早期退職者募集の実施を公表した上場企業は81社に達します。募集人員の合計は、公表している会社だけで７０００人にのぼります。厳しい景気後退期に、大企業の正社員ですらそのしわ寄せを真っ先に受けています。完全失業者とリストラ対象者を合わせると、その総計は300万人の大台にまもなく乗るといわれています。

　今回の世界同時不況では、かつて「勝ち組」と呼ばれた人たちにも容赦がありません。これまで高給取りの象徴とされてきた外資系企業の従業員は、真っ先にリストラされました。わが世の春を謳歌していた投資銀行や生損保会社、テレビ局や大手広告代理店、大手出版社、新聞社などの社員さえ、経費削減や残業カットなどで大きなダメージを受けています。**もはや、自分の働いている会社は倒産しない、自分の給与は安泰だと言い切れる人など、どこにもいない**のです。

†国への負担も増えるばかり

給与は減るどころか、その支払元である勤め先そのものを失う可能性さえあるなか、サラリーマンの支出は増えていくばかりです。**追い打ちをかけるように、国がサラリーマンに負担を強いる施策を粛々と実行している**からです。

まず、所得税と住民税については、税制改正で2007年から所得税から個人住民税への税源移譲が行われました。その結果、ほとんどの人の税負担が増えています。他にも「退職金課税」の強化、「給与所得控除」の縮小、「特定扶養控除」の廃止など、税制が改正されるたびにサラリーマンの納税額は増えていきます。

社会保険についても同様です。2004年度の年金制度改正で、厚生年金の保険料率が毎年引き上げられています。介護保険料も2009年の4月から引き上げられました。こうして社会保険料も次々とアップしています。

景気低迷による法人税歳入の減少や高齢化の進展を考えると、国民の社会保険料負担がこれだけ増えても、社会保険財政は逼迫する一方です。負担はこれからもますます増えるはずです。サラリーマン世帯は手取り収入が減る一方で、さらに支出が増える状況が始まっているのです。

†企業・国には期待すべきでない

このように、企業や国の姿勢は、ますますサラリーマンに厳しいものになっています。しかし、立場を変えれば無理もないところです。国も会社も台所事情は厳しいからです。ご存じだと思いますが、国の金庫はからっぽです。それを補うために、当然どこかにしわよせがいきます。それは、どこか。いちばん税金に疎くて、徴税しやすく、数も多いサラリーマンです。

企業も同じです。競争はグローバルな環境で行われ、市場環境は激化するばかりです。従業員を手厚く守りすぎると、経営が立ち行かなくなります。または、それを避けるために、安い人件費を求めて外国に行くしかなくなります。結局、企業が業績を維持しながら、日本でビジネスを続けるには、日本国内で雇う人員の就労条件をも世界標準にそろえる、すなわち雇用条件を改悪するしかないのです。

そもそも非正規雇用者が増えた理由は、正社員の雇用を守るためともいえるのです。ご存じのとおり、日本では正社員を簡単には解雇できません。解雇権が弱い企業は正社員を雇うことに抑制的になり、正社員を雇用しつづけるために、新しい人員を非正規雇用にしています。

人口減少と高齢化が進むなか、国も福祉などに十分なお金を回せなくなっています。また、年金や健康保険をはじめとする社会保障の制度もすでに破綻しています。

このような状況のなかで、国や企業にしがみついていても、国や企業と一緒に沈むだけです。それが嫌なら、自立の道を歩み始めるしかありません。

いつの時代も、犠牲者にならない秘訣は「自立」することです。国や会社などの組織に頼らずとも生きられる人材になること、力をつけることです。

気づいていただきたいのは、国にしても、企業にしても、その実体はフィクションであり、それ自体は誰でもないことです。国は国民の集合体であり、企業は社員の集合体です。そして、あなた自身が、その集合体の一員です。いくら実情を嘆き、国や企業に怒りの矛先を向けても、その怒りやしわ寄せは、必ず巡りめぐって自分に戻ってきます。

読者のなかには「組織の実力者、すなわち政治家や官僚、経営者ばかりが甘い汁を吸っている」とお考えの向きもおられるでしょう。確かに、そういう側面があることは否めません。しかし、彼らに働きかけても改善は望めません。彼らは、既得権者だからです。既得権者を変えるには、革命しかありません。歴史を繙いても、既得権者の権利を摑み取る手段は、実力行使しかありません。

しかし、それは現実的ではありません。革命は、いつも一か八かです。後進のために、自分が犠牲になる覚悟がなければできません。それほどの度胸やエネルギー、バイタリティがあるなら、自分を変えることに向けるべきです。正論を唱えることは大事ですが、理屈だけでは何も変わりません。何より、世直しをしている間は、おまんまを食べていけません。まずは、自分に力をつけることです。世直しはそれからです。

†フリーエージェントという働き方

いろいろ申し上げましたが、私があえていわずとも、必要に迫られて自立する人が、これからますます増えると思います。少子化が進み、経済はどんどん縮小しているからです。加えて、海外の安い製品が、どんどん入ってくるからです。

私の夢は「日本を起業家であふれる国にする！」というものです。だから、サラリーマンに向けて「起業の素晴らしさ」を書籍や講演などを通して解説してきました。

しかし、最近は、積極的に起業をすすめるのをやめました。理由は、そんなことをしなくても、起業する人はこれから自然と増えてくると思うからです。創業率もそのうち上がると思います。事実、総務省の調査でも、２００１〜２００４年３・５％だった開業率は、２００４年〜２００６年には５・１％に跳ね上がっています。こちらの統計には、自宅で開業する人などが含まれていませんから、実際にはもっと多いはずです。

一時期、日本は国をあげて創業率アップに躍起になっていました。税金を投入し、タレントを使って派手なイベントを開催し、起業の魅力を方々で喧伝していました。しかし、そうした活動も、今ではすっかり鳴りをひそめました。

しかし、これからは、起業家が増えます。しかも、後ろ向きな起業家が増えます。会社から追い出されて、転職もできず、やむを得ず起業する人がどんどん増えると思います。リストラされる人、勤務先が倒産してしまう人、ひどい処遇に耐えられなくなった人、病気になってしまった人など、起業する理由はさまざまでしょうが、**いずれにしろ、経済的な基盤を失った人が増えます。そういう人が行きつく先としては、自力で稼ぐ道を選ぶしかありません。**

兆候は表れています。『新規開業白書』（日本政策公庫総合研究所）によると、独立した人の前職退職理由が「勤務先都合」という人が、２０００年には10％だったのに、２００５年に15％に増え、その後も増加基調にあります。

しかも、前職退職理由が「勤務先都合」という人の割合は、年齢に比例して高く、50代では3割に達します。50代といえば、住宅ローンは残っているでしょうし、子どもも独立前という人が多いでしょう。そんな状態で、職場を失うのですから、たまったものではありません。しかし、それが現実です。

こうして、起業せざるを得なくなる人が急増すると思います。だから、起業を声高に叫ぶことはやめたのです。

その兆しはすでに現れています。最近「独立しました！」というお報せを、よくいただくようになりました。しかし、よく訊いてみると、早期退職にやむを得ず応じていただけだったり、リストラされただけだったりします。

かつて、起業は憧れでした。今は、むしろ招かれざる客、突然やってくる「赤紙」「召集令状」のようなものです。「起業するか否か」を選ぶ権利は、働く側にはないのです。サラリーマンにとって、起業はもはや夢の「選択肢」でなく、受け入れざるを得ない「宿命」なのです。

30年前のアメリカでも、同じことが起きました。アメリカというと起業大国のように考えられていますが、かつては違ったようです。70年代までのアメリカ企業は、日本企業と同じように終身雇用が主流でした。その潮流が変化したのは、日本製品がアメリカの市場を席巻したからです。結果、**多くのホワイトカラーが職場を追われ、やむを得ず起業する人がどんどん生まれた**のです。

これまで、日本の創業率はいつもアメリカと比較されてきました。そして、あまりの低さが問題視されてきました。しかし、いま思えば、アメリカ人のなかには、やむを得ず独立した人が相当数いたのだと思います。

彼らは、会社の仕事を家で受託する「フリーエージェント」にやむを得ずなりました。フリーエージェントとは、「独立していると同時に会社とつながっているビジネスを築き上げた人々」のことです。プロ野球でお馴染みですが、アメリカでは、企業社会でも一般的になっています。雇用契約をひとつの企業と結んで正規雇用者として企業に所属するのでなく、自由に業務委託契約を結ぶのです。これなら複数の会社と契約をすることが可能ですし、毎日会社に出社する必要もありません。ハリウッド映画を見ていると、働き盛りのお父さんたちがなぜか家で仕事をしているシーンがたくさん出てきます。彼らこそ、いわゆるフリーエージェントの姿です。

ダニエル・ピンク氏によると、アメリカではこうしたフリーエージェントと呼ばれる人が、2003年の時点ですでに就業者の4人に1人の割合に達しているということです。彼らの多くは、ITを駆使して同時に数社の仕事をこなしています。

終身雇用で社員を雇うのは、企業にとってもリスクです。景気の変動に合わせて雇用を調整できないからです。働く側にとっても、ひとつの会社に自分の人生を捧げることはリスクです。企業の平均寿命が短くなっている今、いくつもの企業と契約を結んでリスクヘッジすることが不可欠です。

何より、日本の企業が「終身雇用」を止めつつあります。大幅な人員削減さえ厭わなくなっています。こうした状況下では、日本でもフリーエージェント社会の到来は避けられないと思います。

実は、アメリカのフリーエージェントのスタイルは、新しい働き方として、日本にも一部輸入されていました。たとえば、フリーランスと呼ばれる人たちです。具体的には、ライターやクリエイター、デザイナーといった手に職のある人たち、コンサルタントなど専門性の高い知識やスキルをもつ人たちです。彼らは、自分のスキルや才能を武器に企業から仕事を請け負います。仕事のスタイルは、プロジェクトベースでチームを組み、仕事が終われば解散します。建築現場や映画の製作現場のように分業して仕事を進めるプロフェッショナルです。プロジェクトベースで集まれば十分ですから、小さな事務所や自宅でも仕事ができます。

また、仕事の場所を選びませんから、オフィスはSOHOと呼ばれる自宅やマンションの一室です。これなら、服装も自由、満員電車とも無縁です。ライフスタイルに合わせて、たとえば「子育てに適した自然環境に恵まれた田舎」を選択することが可能です。家族との時間もたっぷり取れます。そんなわけで、新しい、カッコいい働き方として注目されました。

しかし、彼らがアメリカの在宅勤務の人たちと違うのは、自ら好んでフリーエージェントの道を選んだことです。日本のフリーランサーたちは主体的に独立を果たしたのであり、自分のスキルを活かして自由な生き方を選択したのです。アメリカのフリーエージェントたちのように、やむを得ず自宅で仕事を始めたわけではありません。

ダニエル・ピンク氏は、アメリカでフリーエージェント化が進んだ理由を4つ指摘しています。

① 従業員が、忠誠心と引き換えに会社から安定を保証される関係が崩壊した。

②生産手段が小型で安価になり、個人で所有できるようになった。
③仕事の目的が生活の糧を得るだけでなく、やりがいを求めるようになった。
④組織の寿命が短くなり、勤め先より雇用者が長く生きるようになった。

いかがでしょうか？

こうした条件は、日本も満たしつつあると言えないでしょうか？　おそらく終身雇用は崩壊し、**日本のサラリーマンも、アメリカのサラリーマンと同じ道を歩むことになる**と思います。

橘《たちばな》玲《あきら》さんの『貧乏はお金持ち』（講談社）によると、日本のフリーランスはまだ370万人、アメリカの10分の1しかいないそうです。しかし、就業人口の割合で考えると、日本でもフリーエージェントは1000万人になってもおかしくないと指摘しています。

今、日本に残っている仕事は、パソコンとにらめっこする仕事が主流です。これなら会社にいなくてもできます。実際、今の職場では、社員は同じところにいながら、バラバラの仕事をしています。ネットでつながっているために、隣席の同僚ともメールを介してコミュニケーションをするくらいです。それでも、仕事は一応回っています。出社しなければばならない理由がなくなってきています。

こうした働き方は、従業員にとっても良い面があります。たとえば、時間と場所を会社に縛られないため、通勤が不要になり、時間が有効に使えるようになります。趣味に費やす時間や家族と過ごす時間が増えます。子育てしながら働けますから、少子化対策にもなるはずです。

問題は、働く側がこうしたライフスタイルに適応できるかどうかです。若い人は適応できると思います。もともと適応力が高いからです。また、彼らは自宅志向が強い世代です。そもそも若年層は非正規雇用の割合が高いのです。

問題は若年層以外の世代です。現在30代後半より上の、いわゆる働き盛りの世代です。そして、彼らこそがフリーエージェントの候補者です。かつてのアメリカでそうだったように、そして、前出の統計にもある通り、給与の高い中高年世代ほど会社はフリーエージェントにしたいのです。

†自信をもて

このような理由から、これから会社から押し出されるサラリーマンがどんどん増えてくると思います。

だから、私はもう起業をすすめません。放っておいても増えると思うからです。

ただ、自立のすすめは引き続き強くしていきます。「会社を辞めるかどうか」「自分は起業に向いているかどうか」など、考える必要はありません。選択肢を選ぶ権利は、もはや働く側にはないからです。何も考えずに、**いざというときに備えて、サバイバルの技術として自分で稼ぐ力をつけておくべき**です。

実は、いま活躍している経営者も、自ら好んで経営の世界に入った人ばかりではありません。経営者とつき合うようになってからわかったことですが、この世界には経営者にしかなれなかったから経営者になった人が意外にたくさんいます。いろいろな理由からサラリーマンになれず、仕方なく経営者になった人が大勢いるのです。もちろん、根っからの経営者や主体的に経営者の立場を勝ちとった人もたくさんいます。しかし、それ以上に「デモシカ経営者」や「成り行き経営者」がいます。それでも、何とかやっていけています。

いずれにしろ、サラリーマンの置かれた現実は、これからもきわめて厳しいといわざるを得ません。にもかかわらず、自分で稼ぐ力を持っている人はきわめて少ないようです。

会社に依存しなければ生きていけないからです。

稼げない理由は、なまじ組織に入れてしまったばかりに、自力で稼ぐ機会をもたなかったからです。会社のブランドやノウハウで、これまでは楽に稼げたからです。

そうであれば、これからやってみればいいだけのことです。サラリーマンの多くは、本来優秀です。学校でも優等生だったはずですし、就職活動を勝ち抜いた方々ですから、社会性も高いはずです。そんな優秀なサラリーマンたちですから、経験さえ積めば、自分で稼ぐことは十分に可能なはずです。

†今の仕事にやりがいはありますか？

週末起業に関心をもつサラリーマンにお会いして感じることがあります。週末起業に興味をもった理由を尋ねると、「お金じゃない」という人が増えているということです。

かつては「週末起業で副収入ウン千万円」という話をすると、多くの人が身を乗り出して話を聞いてくれました。ところが最近は、そうした話には「すごいですね」と言いながらも、「自分には関係ない」「あまり興味がない」とあまり乗ってこない人が多いのです。

それよりも「好きなことを仕事にできる」「天職が見つかる」ということに関心をもつ

方が増えています。たとえば、会社を辞めずに「大好きな文房具のコンサルティングを仕事にした人がいます」「アマチュアテニスの大会を主催するビジネスをして会社を独立した人がいます」「昔から憧れだったバーのマスターになりたくて、店を開業した人がいます」という話題に言及すると強い反応が返ってきます。

理由はよくわかりませんが、社会全般の傾向として上昇志向が萎えてきているのかもしれません。諦めなのか流行なのかわかりませんが、「仕事を頑張っても、その見返りはたいしたものではない」と冷ややかに考え、仕事を「さらに上を目指すための方便」と考えない人が増えているようです。

お金のため、出世のために、無理をしたり、努力をしたりというのは、ナンセンスになりました。むしろ「自分のやりたいことをやりたい」「自分らしいことがやりたい」「自分が天職と思えることをやりたい」と、**仕事に楽しさや充足感を求める傾向が高まっている**ように感じます。

この傾向はとくに若者に顕著です。生まれたときから欲しいものに囲まれているからか、望んでも手に入らないものが多すぎるからか、車やファッションに対する関心が低下しています。

結婚観も変化し、結婚にこだわらない人も増えています。こうなると、所得を増やしたいという切実なインセンティブが不要になります。

たしかに、私を含むバブル世代には反省すべき点があります。モーレツに働いた結果、自然環境は破壊され、職場には心を病む人が増えました。エコへの関心の高まり、ボラバイト（ボランティア感覚のアルバイト）を始める人が増え、ワークライフバランスという言葉が社会的な注目を集め、「草食系男子」や「弁当男子」が登場したことはその象徴でしょう。

また、日本人の仕事観が変化している要因のひとつには、仕事にやりがいが見出しにくくなっている面があると思います。なにせ、単純労働を強いられる派遣労働者の比率が増えているのですから、仕事にやりがいを見出せない人が増えるのは当然です。格差が社会問題になっていますが、実は正社員と非正規雇用社員では「お金の格差」以上に「やりがいの格差」があると感じます。

要するに、時代の変化とともに働く人たちの意識も変わり、仕事に期待するものの在り方が大きく変容したのです。

†やりがいだけでは食べていけない

しかし、ここで苦言を呈しますと、たしかに「やりたいことをやる」「自分らしくやる」「自分の天職をやる」のは素晴らしいことです。ただ「それだけでいいの?」と思います。なぜなら、そこでは「食べていく」ということが置き去りになっているからです。**何をやっても、それが社会との関わりをもたないかぎりは、趣味の域をでません。**

この認識が欠落してしまう理由は、世の中との関わりという視点が欠けているからです。自分がやりたいことが確固としていても、それで「社会をどう変えていくのか」「世の中でどうお役に立つのか」という点に思いをめぐらせる想像力が欠けているのです。これでは単なる独りよがりです。誰からもお金はいただけません。**仕事とは「世の中と関わること」、もっと言えば、「お役に立つこと」**なのですから。

仕事をするとお客様からお金をいただける理由は、お客様の役に立てたからです。何かの役に立った見返りにお金がいただけるのです。加えて、お客様から感謝されます。そして、喜びをより多くの人と分かち合えます。それこそが本当のやりがいにつながります。

とはいっても、「やりがいを見つけること」「生きがいに従うこと」「自分の天職と思える仕事をやること」は、今の職場環境では難しいと考える人が多いかもしれません。サラリーマンとして働くあなたに与えられた権限は限られています。ましてや、派遣社員として働く労働者が、わりふられた仕事にやりがいを探すのは無理というものでしょう。

だから、「会社を辞めて自分で」という答えに帰結せざるをえないのです。でも、独立開業で成功するのはもっと難しいのが現実です。本書では、その答えを週末起業に求めたいと思います。

†自力で稼ぐには?

では、いったいどうすれば、自力で稼げるようになるのでしょうか? かくいう私も、数年前に自力で稼げるようになるまで、会社に勤めずに経済的な安定を得ている自分の姿を想像することすらできませんでした。独立して生活している人を見ると、「どうせ親の家業でも引き継いだのだろう」「何か悪いことでもしているのだろう」「たまたま運が良かったのだろう」「特殊な才能があるのだろう」などと勝手に考えていました。いま思えば、そう考えることで、会社にしがみつかざるを得ない自分を正当化していたのだと思います。

しかし、現実には、会社に勤めずに自力で稼いで生活している人はたくさんいます。しかも、会社に勤める自分と比べて数倍も稼いでいる人が相当数います。

「いったい、どうやって？」

当時、そんな疑問をもっていました。そして、自力で稼ぐ力を養うために必要なものの考え方や、行動パターン、その修得方法などを研究しました。

今、自分探しをしながら、懸命にスキルアップをする人が増えています。厳しい就職戦線や転職市場など、労働市場で勝ち残るには、より高度なスキルが必須だからです。会社に入ってからも、少し気を抜けば、いつリストラされるかもしれませんし、倒産や吸収合併で会社がなくなるかもしれません。給料も上がりませんし、年金や退職金も危ういのが現実です。

かといって、英会話や資格取得などのスキルを身につけても、人生安泰ではありません。理由は、どんなにスキルを高めても、そもそも雇う人がいなければ、食べていけないからです。

繰り返しますが、このような厳しい時代のなかで生き残る手段が「自立」です。**言いかえれば自力で稼ぐ力をつけること**です。自分を少しでも高く買ってもらえるように、スキルアップで上げ底をするのでなく、雇い主がいなくても自分で稼ぐ力を身につけるのです。

そうすれば、いざというときも生きていけます。

†まずは会社にいながらやってみろ

あなたが今すぐすべきこと、それは自分で稼ぐ力をつけることです。サラリーマンは、自衛すべきなのです。会社の給料以外に稼ぐ方法がないから、会社にしがみつくのです。**あなたに稼ぐ力があれば、理不尽な要望には見切りをつけて会社を辞めることもできます。早期退職にも前向きに応じることができるはずです。**

それができないから、国からも会社からも足元を見られ、いいように搾取されるのです。本来、従業員と会社は対等なはずです。双方が契約に合意したうえで働いているのです。ところが、長年にわたって雇用者として働いているうちに、組織のルールにがんじがらめにされて、給料なしには稼げない状況に陥ってしまいます。

会社のブランドと仕組みを使い、上司や先輩のやり方を踏襲すれば、月末には給与が振り込まれます。スキルアップも営業も不要です。こうして、気がつけば会社依存症の中毒体質のできあがりです。

こうなれば会社に強いことは言えません。いくら会社に要望しても「そんなに嫌なら辞めたら」と言われて終わりです。しかし、辞められるわけがありません。いちど辞めれば次がない、または今より条件が悪くなるからです。要するに足元を見られているのです。

こうした事態を回避するためには、会社依存症から脱却することです。つまり、会社から自立するのです。会社に頼らなくても食べていける手段を確保しておくのです。そのために必要なものが「稼ぐ力」です。

稼ぐ力を身につけるには、実践しかありません。しかし、いきなり会社を辞めてはいけません。辞めるのは力をつけてからです。今の会社に勤めながら、少しずつ準備するのです。辞めるのはもったいないし、危険です。だから、会社にいながら、少しずつ、されど確実にやってみるのです。

企業は従業員を利用しています。「お前の面倒は一生見るから」というのが会社の言い分ですが、実際には不況になればさっくり切ります。少なくとも、雇用条件を悪くしていきます。

こうした会社の態度に対して、サラリーマンにのこされた選択肢は2つあります。ひとつは、会社にしがみつくことです。ありとあらゆる手を使って、会社にしがみつくのです。この場合、実力をつけて会社にとって不可欠な人材になる必要があります。会社の決定は、すべて甘んじて受け入れる覚悟も必要です。

もちろん「自分が会社を支え、倒産させないように踏ん張る」という意見もあります。しかし、会社を支えられるほどの力をつけるには、組織のピラミッドを登り詰める必要があります。そのためには献身的に働き多大な犠牲を払う必要があります。しかも、幸運にも出世競争を勝ち抜くことに成功したとしても、そのときに会社が存続している保証はどこにもありません。これを考えると、この選択肢は、安定を選択したようで、実際は大きな賭けです。

†転ばぬ先のリスクヘッジ

もう一つが、いざというときのために、自力で稼ぐ力をつけておくことです。会社が理不尽なふるまいをしたら、すぐに見切りをつけられるように、力をつけておくのです。

いずれにしても、いざというときのためにリスクヘッジしておくことは大切です。つまり、もうひとつの収入源を確保しておくのです。飛行機のエンジンは、トラブルに備えて2つついています。スカイダイビングでも、予備のパラシュートを必ず着用します。取材の時、すぐれた記者はレコーダーを2台回します。ビデオ撮影業者さんも、気の利いた人なら、カメラを2つ回しています。パソコンのデータもバックアップをとるはずです。**プロフェッショナルと呼ばれる仕事人は、取り返しのつかないミスを防ぐためにいつも予備、スペアを用意しておくのです。**サラリーマンもプロなのですから、同じことをするべきです。

投資家も、普通は分散投資します。現預金に加えて、株式や不動産、外貨など他の投資もしています。素人ほど、ひとつの投資対象に全財産を投じて、すべてを失います。会社勤めも、自分の人的資産を会社に投じて、給与というリターンを得る投資行為といえます。そうであるならば、複数の投資対象に分散投資するべきです。つまり、**給与をもらいながら、他の収入源も確保するべき**なのです。

第２章
週末起業のまばゆい魅力

†副業とは何だろうか

サラリーマンの置かれた厳しい環境と先行きを考えると、会社にいながら、もうひとつの仕事をもつことは喫緊の課題といえます。「もうひとつの仕事」にはいろいろな形態が考えられますが、なかでも、会社にいながら、自分のビジネスを立ち上げる「週末起業」を強くおすすめします。

ところで、世間では、副業、アルバイト、週末起業という言葉が好き勝手に使われていて、いささか混乱しているように思います。ここで、説明をわかりやすくするために、言葉の定義を明らかにしておきます。

副業

会社にいながら、週末や平日の空いた時間にもうひとつの仕事をすることを総称する言葉です。「本業」に対立する言葉です。具体的には、アルバイト、ネット副業、週末起業、週末農業などがあります。

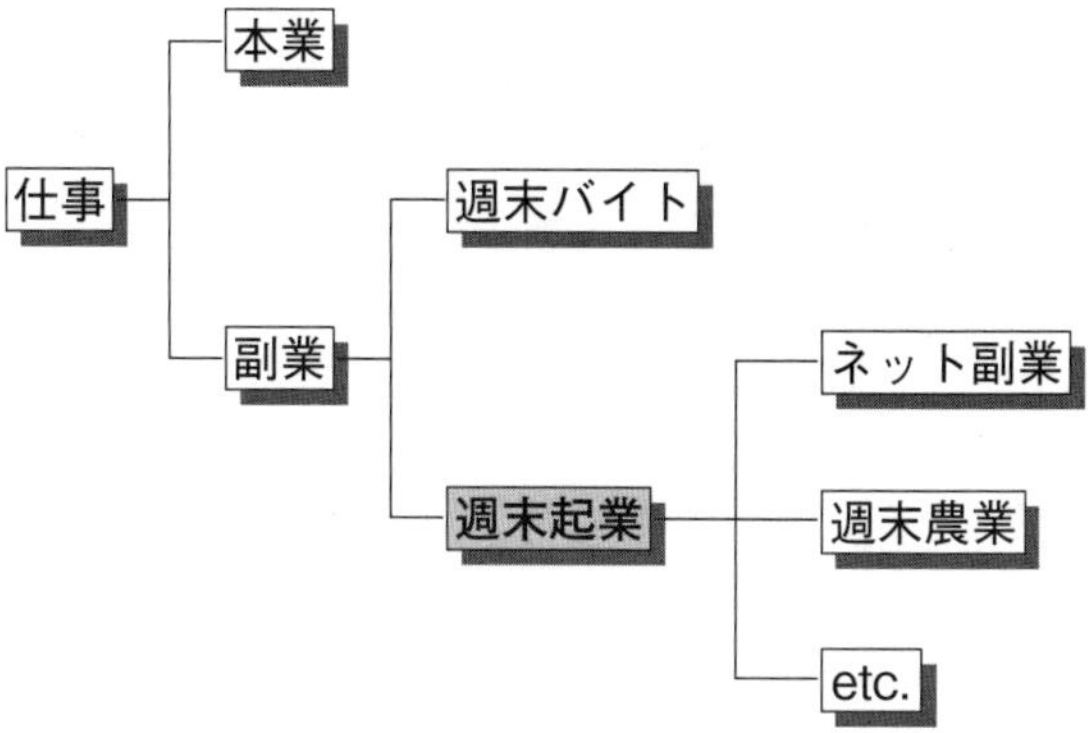

図1　副業の形態

アルバイト

一般に、雇われて時給ベースで働くことです。休日や夜間に、居酒屋やファストフード店で働く、警備員をする、病院の宿直をする、選挙事務所で働くなどです。このアルバイトを、サラリーマンが会社にいながらすることを、本書では「週末バイト」と呼び、「週末起業」と区別します。

ネット副業

サラリーマンが、オークションやドロップシッピング、アフィリエイトと呼ばれる既存のサービスを利用してお金を稼ぐことです。すでに誰かが作ったしくみを利用します。サラリーマンであっても、月に数万円程度のお小遣いが稼げるとあって人気があります。自分でビジネスを立ち上げるわけではありませんが、雇われるわけでもありません。

週末起業

本書のメインテーマです。会社にいながら、自分でビジネスを立ち上げることです。具体的には、オンラインショップを経営したり、コンサルタントをしたり、ウェブ制作の代行をしたりします。お金は、お客様から直接いただき、経費を除いた残りが本人の取り分になります。本人が、本業がサラリーマンであること以外は、普通に起業するのとなんら変わりがありません。

「週末起業」と「週末バイト」の違いは「人に雇われるか否か」です。税法上の違いは、週末起業の収入は「事業所得」、「週末バイト」の場合は「給与所得」となります。なお「ネット副業」は自分でビジネスの仕組みを作りませんが、「雇われる」という形で働く必要はありません。また、「ネット副業」から始めて「週末起業」に発展させる人がたくさんいます。そこで、本書では「ネット副業」は「週末起業」に含めます。

拙著『週末起業』を読んだ方は「おや?」と思うかもしれません。なぜなら、『週末起業』では、人に雇われることを「副業」と称し、自分でビジネスを立ち上げる「週末起業」と区別していたからです。

しかし、『週末起業』が発刊されて数年たった今でも、世間では「週末起業」は「副業」のひとつとされています。法律の世界にも「本業」と「副業」の2つの概念しかありません。

こうした認識に従い、本書では「週末起業」も「副業」のひとつと考えます。ただ「週末起業」を単なるバイトと一緒くたにできないので、バイトは「週末バイト」として明確に区別します。

言葉の定義を明らかにしたところで、これ以降「週末起業」を中心に話を進めていきます。

†週末起業のトレンド

「週末起業」は、「会社を辞めずに」「お金をかけずに」「インターネットを利用して」行う起業です。

拙著『週末起業』を出版した2003年当時は、起業とは「会社を辞めて」「お金をかけて」するものだと当然のごとく考えられていました。また、インターネットの普及率も現在ほどの水準ではなく、「インターネットを利用して」起業する「週末起業」という発想は驚きをもって迎えられました。その後、週末起業はブームになり、起業スタイルとしては珍しいものではなくなりました。

ただ、誤解を招いたこともわかりました。たとえば、「会社を辞めずに起業する」ことをすすめたために、「会社を辞めてはいけないのか？」という疑問を読者に抱かせたり、「お金をかけずに起業する」と説明したために、「お金をかけてはいけないのか？」などと尋ねられることもありました。

起業に関連する法律や制度も変わりました。とくに、2005年に「会社法」が改正された結果、会社に対する考え方も変わりました。さらに、この数年でたくさんの週末起業家の知己を得る機会にめぐまれ、彼らの肉声に耳を傾けたことも度々ありました。その結果、週末起業に対する私自身の考え方も変わりました。本章では、週末起業にまつわる数々の疑問について、順次お答えし、かつ前作からの変化に対応した情報をお伝えしていくことにします。

週末起業の魅力とは

週末起業はすばらしいライフスタイルです。週末起業で得られるものは、大きくわけて3つあります。

① やりがい
② 経験
③ お金

この3点については、今もまったく変わりません。ただ、テレビや雑誌などのメディアで週末起業が紹介される際に、その魅力を語る視点はお金ばかりにフォーカスされがちでした。そうしたメディアの傾向は、このご時世ですから無理もないことかもしれません。ただ、お金を稼ぐことだけが目的なら「週末バイト」で十分です。小さな金額を確実に稼ぎたいのなら、週末起業ではなく、むしろ週末バイトをおすすめします。では、なぜ私が週末起業をすすめるのか、あらためてその魅力をご紹介します。

メリット① やりがいが得られる

週末起業はビジネスです。だから、お客様のお役に立つことでお金をいただきます。お役に立てば、感謝されます。お客様のお役に立ち、感謝されながらお金をいただけるのがビジネスです。それは週末起業も同じです。

自分の作り上げたビジネスが誰かの役に立ち、その結果として感謝の言葉とお金をいただけるのですから、大きなやりがいを週末起業はもたらしてくれます。

メリット② 経験が得られる

週末起業は、一人で始めるのが普通です。そのため、ビジネスを総合的に経験することが可能です。つまり、商品開発から営業、代金回収、会計に至るまで、ビジネスの上流工程から下流工程までをひととおり独力で完結させる経験ができます。

一般に、サラリーマンの仕事は組織で行います。そのため、サラリーマンは組織全体が行う仕事の一部分だけを担うのが普通です。ビジネスの全工程を一人で完結させる機会は滅多にありません。

また、ビジネスを育てていくために、週末起業家はスキルアップや勉強が必要です。税金や法律はもちろん、マーケティングやインターネット、ライティングやプレゼンテーションなどに関する知識を習得し、それらのスキルに磨きをかけなければなりません。

週末起業で習得したスキルや知識は、むろん本業にも生かせます。実際に、「週末起業で経験したことが本業に生かせた」という人は少なくありません。何より、自力で稼いだ経験が、稼ぐ力と自信を育みます。これが、あなたを会社依存から解放してくれるきっかけを作ってくれるのです。

メリット③　お金が得られる

サラリーマンの収入形式である「給料」と比較すると、週末起業は収入の面でもユニークです。週末起業家は会社に雇われるのではなく、みずからのビジネス・オーナーになるわけですから、次のようなメリットがあります。

①　自分でコントロールできる範囲が大きい。
②　収入が、あたかも給与のように継続的に得られる。

③　自分の才覚で収入を無限大に増やすことができる。

自分の裁量でお金をコントロールできる範囲が大きいことは、自立するうえできわめて重要です。サラリーマンという働き方が不安定な理由は、会社の規模や成長性、そして自分に対する会社からの評価など、自分でコントロールできる範囲が狭いからです。

副収入を得るために投資をする人も少なくありませんが、投資は相場に左右されてしまいます。株式も、外国為替も、不動産も、世界経済の大きなうねりのなかで行われます。そのうねりは自分でコントロールができません。だから、うまくいくときは稼ぎが大きいですが、そうでないときは何をやっても稼げません。

さらに、週末起業は、自分のビジネスですから、収入は自分の才覚で伸ばせます。そこに醍醐味があります。

†収入はあるほうがよい

週末起業で成功するということは、自分で自分のビジネスを立ち上げ、それを軌道に乗せるということです。だから、万が一、あなたが会社を辞めることになっても、週末起業で築いたビジネスは残ります。今の会社を辞めてまで、また定年退職してまで、人に雇われるのは嫌だという人は多いと思いますが、そういう人にもってこいです。

やりがいや経験なら、ボランティアや趣味からでも得られます。ただ、こちらは肝心の収入が得られません。

これは私の持論ですが、「やりがい」はお金を得たほうが大きくなります。一般に「やりがい」は周囲からの期待や評価に比例します。その点、ビジネスは、お客様からの評価が、売上や報酬といったお金、すなわち客観的な指標で表現されます。だからこそ、よりやりがいを実感しやすいのです。趣味は、自分のためにやるのが普通ですから、該当しません。また、ボランティアは、お金をいただきません。つまり、期待や評価が数値で表現されません。

†デメリットもある

もちろん、週末起業にはデメリットもあります。

デメリット① 始めるのが難しい

週末起業は、他の副業に比べると、始めることも、続けることも困難です。会社に勤めながら始める点以外は、普通に起業するのとなんら変わらないからです。会社勤めという制約がある分、普通の起業よりも難しいかもしれません。その点、アルバイトや投資は、始めるだけなら誰にでもできます（もちろん、誰にでも儲けられるわけではありませんが……）。

デメリット② 稼ぎを得るまでに時間がかかる

起業してビジネスを軌道に乗せるには、通常、数カ月から数年におよぶ時間が必要です。週末起業もまったく同じです。準備から立ち上げ、そしてそれを軌道に乗せるまで、最低でも数カ月以上の時間がかかります。

アルバイトなら、思い立って働き始めれば、早ければその日、遅くとも次の給料日には報酬がもらえます。投資でも、売買に成功すればすぐに利益を得ることができます。その点が大きく異なります。

デメリット③ 就業規則で規制される可能性がある

一般に、就業規則では「他の会社から給与をもらってはならない」とされています。週末起業は「他の会社から給与をもらわない」ので問題はないといえます。ただし、会社が拡大解釈すれば、「週末起業は就業規則に抵触する」と考えるはずです。このあたりは、会社も従業員も曖昧なままにしています。その曖昧さのために、週末起業家にはいつも不安が付きまといます。その点、投資などは一部の会社を除いて会社からは規制されないので、就業規則に違反している可能性をあやぶむ必要はありません。

このようなデメリットはあるものの、週末起業にはそれを補って余りある魅力があります。理由は、本業があるからです。本業からの給与を定期的に得られるのであれば、週末起業にいくらでも時間をかければよいと思います。何度でも失敗したらよいと思います。そのときは、やり直せばいいだけです。

週末起業をやっていることが会社に知られ、それを咎められたら、そのときは会社に謝って週末起業をやめればいいだけです。会社のほうを辞めるという選択肢もあるかもしれません。

上記のように、週末起業にもメリット、デメリットがあります。やりがいや経験を積める面で、ネット副業やアルバイト、投資よりも優れています。また、お金の面で、ボランティアや趣味よりも優れています。

そして何より「自分を生かしながら、世の中のお役に立ち、感謝されながらお金がいただけること」が、週末起業の最大の魅力だと思います。

†週末起業を始める上で注意するべき点

もし、週末起業を始めるなら、次のことに注意すべきです。

リスクを取らない

とくに、最初からお金をかけすぎないことです。最近は、インターネット上のサービスを使えば、初期投資をほとんどしなくてもお金を稼ぐことができます。お金をかけなければ失敗しても失うものはありませんから、週末起業のスタートアップではお金よりも頭を使うことです。

売上が立って儲けが出てから、その一部を再投資に回すようにします。そうすることでビジネスは成長します。再投資を儲けのなかからだけに限っておけば、仮に失敗しても、元々なかったお金を使うだけです。お金を失うリスクは限りなくゼロにとどめることができます。

無理をしない

週末起業は低リスクで起業できるのですが、リスクがあるとすれば、それは本業を解雇される、降格させられる、給料を減らされる、ということです。こうした事態は、絶対に避けるべきです。

週末起業では、休息や家族との団欒、睡眠の時間が犠牲になりがちです。しかし、体を壊せば本業に支障をきたします。週末起業を成功させようと躍起になるあまり、無理を重ねて本業を失ったり、評価にミソをつけたりするのでは本末転倒です。周囲のやっかみも侮れません。会社にバレるケースの大半は告げ口です。仮に会社から許可を得ても、できれば会社の同僚には話さずに内緒にしておくのが賢明です。

起業の勉強をする

起業に関する最低限の知識が必要です。とくに、法律や税金についての知識が必要です。

サラリーマンは、税金は給与から源泉され、自分で納税する機会がありません。しかし、週末起業を始めたら、納税する必要があります。忘れれば脱税です。

法律に関しても同様です。会社員として仕事をしていれば、法律に抵触するようなミスを犯しても最後は会社が責任をとってくれますが、週末起業ではそうはいきません。法律は、知らないではすみません。勉強しておく必要があります。

第３章

安く、早く、確実に稼ぐ

†成功する週末起業とは？

週末起業を具体的にイメージしていただくために、本章では最近の週末起業の成功例を紹介します。実践者は次々と登場していますし、事業のタイプもさまざまです。それ以上に、実践する本人が置かれた立場や、考え方も千差万別です。

本章では、あえていろいろなタイプの成功者を紹介し、それぞれの特徴やメリット、注意点などを紹介しましょう。ご自身がやりたいこと、ご自身が置かれた立場に近い方を見つけてください。

†自分のアイデアをビジネスにしたJさん（50代・男性）

ユニークなビジネスのアイデアがある方、これまでなかったビジネスを始めたい方にとって、週末起業はおすすめです。理由は、会社からの給与所得を確保しながら始められるため、冒険ができるからです。

Jさんもそんな週末起業家の一人です。Jさんは、電鉄会社にお勤めのかたわら、「**お墓参り代行**」というビジネスを思い立ち、故郷の鹿児島で始めました。きっかけは、定年を意識したことです。50歳を目前にして、あと10年で定年というときに「**定年後は何をしよう**」と悩んだそうです。定年後に満足な生活をするには、お金もやりがいも、健康も必要です。その準備は定年前からしておこうと思ったそうです。

いろいろと考えた末、定年してからは自分で商売をしようという結論に達しました。たとえアルバイトをしても稼げる金額はしれています。それに、今さら人に使われたくないという気持ちもあったようです。最初は、工務店を営んでいる弟さんといっしょに仕事をしようと思い、宅建資格を取得して備えていました。しかし、その工務店が潰れてしまい、それを見て「リスクがないことをやろう」という想いを強くしたようです。

墓参り代行というビジネスを思いついたのは、故郷での体験です。鹿児島県はお墓を大事にするお国柄です。墓前に飾る花を枯らさないように競争するような感じです。帰省すれば誰もが必ず墓参りに行きます。そんななかで、近所のおばあちゃんが「私は体がもう動かないから、墓参りには行けなくなるねえ」というのを聞いたそうです。よく考えてみたら、Jさん自身のように都会へ働きに出た人の場合も、ご先祖様の墓前に足を頻繁に運ぶのが難しいわけですから、お墓参りを手伝うことがビジネスとして成り立ちうる可能性はあるはずだと思ったそうです。

まず最初に、Jさんはハガキを鹿児島県出身者に出すことから始めました。高齢者はあまりネットを見ないので、そういう地道な作業から入りました。仕事の合間に顧客開拓のハガキを書いていたので、やはり本業とのバランスに気を使ったとのことです。

とくに、会社の就業規則には注意しました。就業規則に「二重在籍は懲戒」という明文があったからです。ただ、週末起業が二重在籍に該当するかどうかは曖昧です。先輩にも相談しましたが「自分でやる分には、会社も禁止とはいえないだろう」と判断し、会社には相談せず始めました。

ただし、ホームページには、自分の顔写真を載せず、父親の写真を出し、会社も法人化しませんでした。会社には、後日事後報告したそうです。理由は、お墓参り代行というユニークなビジネスなので、マスコミからも問い合わせがあるからだそうです。会社に迷惑がかかるので、すべてお断りしていましたが、それでもばれたら「私は手伝いでやっているだけです」と答えるようにしていたそうです。

Jさんは、週末起業をしたことで、新しいやりがいを手にしたと実感しています。会社のお客様も大事ですが、週末起業のお客様は自分で取ったお客様です。直接お金を持ってきてくださるわけで、感謝の気持ちがいっそう強くなるのも当然でしょう。

また、やる気が出るので、いろいろな面で活動的になったといいます。身銭を切って勉強しようとか、本を読もうという気持ちにもなります。見聞や人脈も広がります。会社だけではなく、自分の行動範囲が外へ外へと広がる感じです。

初期投資には、名簿とハガキ、プリンターやパソコンなどで、20万円くらい使いました。趣味にお金を使う感覚で、少しずつ試しながらやりました。

ご家族からは、とくに反対もなかったそうです。「お父さん何やってるんだろうね？」といった単なる好奇の眼差しが向けられる程度でした。ところが、利益が出て、ビジネスとしてうまく回り始めると、家族が手伝ってくれたそうです。週末起業を始めてから半年くらいで、利益が出始めました。

Jさんのように、**自分でできることから始めることが大事**です。緻密な事業計画を作り、全部できたら動くという方もいますが、そういう方は、たいてい途中で力尽きます。Jさんがまず名簿を買うところから始めたように、まず小さなことから始めるのが成功の秘訣です。

週末起業を始めるまでは、不安もあったそうです。とくに、お墓参りを人に頼むことに対する、お客さんの心理的な抵抗感が心配でした。それでも、本業の収入がありましたから、あまり固執せずに始めることができたそうです。

Jさんは、これがきっかけでプライベートも充実したそうです。マラソンを始め、ジェットスキーにのめりこみ、最近はスキューバダイビングに夢中だそうです。こうした趣味に打ち込めるのは、副収入による経済的な余裕があるからだと思います。

今後の目標は、墓参り代行を発展させることだとおっしゃいます。他に、40代、50代のために「生涯現役のプラン」を設計するための講座なども考えているそうです。

繰り返しますが、**お金のためより、楽しくやること、世の中の役に立って、結果的にお金がついてくることが、成功の秘訣**です。もし、これまでのビジネスにはない、まったく新しい事業を始めるのなら、週末起業は最適です。

世にある便利な商品やサービスも、最初は誰かが始めたものです。宅配便も回転寿司も、最初に始めた人がいます。そういうビジネスは、うまくいくかどうか、そもそも世の中が必要としているかがわかりません。

この種の新規ビジネスには、「ビジネスとして始めたけれど、お客さんが全くいなかった」というリスクがあります。アイデアだけを拠り所に、巨額の費用を投じるべきではありません。

新しいものほど、お客さんに知ってもらい、世の中に普及するまで時間がかかります。もしかしたら、そもそも、世の中から全く必要とされていないのかもしれません。そうなると、どんなに工夫を凝らしてもお客さんが見つかりません。何より、そういう不安に、しばしば苛まれるのがつらいところです。

不安を解消するなら、あなたに率直なアドバイスを言ってくれる人に意見を聞いてまわることです。ただ、周囲の意見はあくまでも参考程度に聞いてください。誰もが「うまくいかない」といったビジネスほど、うまくいくことが往々にしてあるからです。

その点、会社に勤めながら、安定継続収入を確保したままであれば、新規ビジネスに挑戦しやすいでしょう。元手が必要なわけではありませんからリスク・フリーです。リスクがない分、いくらでも大胆になれます。とりあえずやってみて、ニーズがないことがわかれば、そこで止めれば済む話です。次から次へと試行錯誤を繰り返すうちに、いつか鉱脈を探り当てることができるかもしれません。

むろん、参入や撤退がいくら容易だといっても、ビジネスとして軌道に乗せるためには、多少のトライアンドエラーが必要です。このトライアンドエラーができる点も、週末起業の強みです。もし、独立して他に収入の目途が立たなければ、トライしている間に食いぶちが枯渇してしまいます。

†やりたいことで食べていくことに成功したKさん（30代・女性）

「自分のやりたいことをしたい」「自分の好きなことで一生食べていきたい」と誰もが思います。しかし、実際は、「やりたいこと」と「食べていくこと」の両立が難しく、結局は泣く泣く夢を諦めることになる人が多いようです。

その点、週末起業なら、収入は本業で、やりたいことは自分のビジネスで、とバランスを取ることができます。やがて自分のやりたいことで収入を得るという夢を叶えることも可能です。

Kさんは、そんな夢をかなえた女性です。**化学メーカーで開発者としてお勤めのかたわら、週末起業で特許翻訳を5年間続け、ついに特許翻訳事務所の所長として独立されました。**

本業の仕事はそれなりに充実していましたが「女性である」ことが原因で、キャリア設計に限界も感じたそうです。

当時の職場は、男性が総合職、女性が一般職という線引きがあり、女性開発職は中途半端な存在で、総合職としての仕事をしながら、一般職の社員がやるようなお茶くみや掃除の業務もしなければなりませんでした。一方で、母性保護の観点から、開発職に携わる女性の仕事量を抑制する傾向にありましたが、実態はサービス残業で補わざるを得ないという状況でした。

上司からも面と向かって「女性はリーダーにできない」といわれたそうです。開発は作業着・ヘルメットで肉体労働をすることもあり、女性には無理というわけです。そんな現実に直面して、別の場所で自分の実力を試したくなりました。

転機は、大手転職エージェントに相談をしたことです。担当した方は、Kさんの履歴書を見るやいなや、最初から説教のようなアドバイスでした。

「今あなたは、34歳ですよね。これから、あと30年間同じ仕事をして64歳ですよね。そこまでいって、ようやく一人前のキャリアなんですよ。その覚悟はありますか？　それに、残念ながら、あなたの年齢で採用してくれる会社はないようです」ということでした。

つまり、ひとつの会社に30年以上勤めないとキャリアとして認められないというのです。「64歳にならないと一人前になれない人生は幸せなのか」と疑問を感じ、「ひとつの会社に勤めつづけていないという理由だけで、職業人としての経験が評価してもらえない」という現実にも悔しさを感じました。自分の価値が年齢とともに下がっていくという転職市場の評価基準を受け入れられず、そんな価値観をぶち壊したいと思ったそうです。

そこで、一生働ける仕事を探しました。「開発部門に近いところで働けて、女性でも実力があれば評価される。そんな世界はあるだろうか」と考えたときに、思い浮かんだのが「特許」の仕事でした。

Kさんは学生の頃から新しい技術を知ることが大好きで、論文や本を読んで勉強していました。また、職場でも特許に接する機会が山ほどありました。自分の部署に関連する特許文献を調査して一覧表を作ったり、自分で特許を出願したりしていました。翻訳の経験はありませんでしたが、自分が書いた特許明細書が英文になったものをチェックすることはありました。

特許翻訳なら、お金をいただきながら、新しい技術を知ることができます。それはわくわくするほど楽しい仕事だと感じました。また、自宅でも仕事ができるから、いつまでも続けられます。これなら自分の境涯にぴったりだと考えて、挑戦することにしたのです。

ただし、特許翻訳の仕事で食べていくには高度な専門性が必要です。実務経験も必要です。さらに、お客様が見つからなければ、お金が得られません。そこで、まずは週末起業で始めて、徐々に特許翻訳者として実績を残せるように努力したのです。

まず、特許翻訳の通信講座を半年間受講しました。講座の課題を提出しながら、他にも英文明細書とそれに対応する日本語明細書を読んだりして勉強をしました。

しかし、通信講座は、基本の修得には有意義でしたが、実務で使えるレベルまで引き上げるのは無理でした。あとは、実践で鍛えるしかないと思いました。

そのために、化学メーカーから特許事務所に転職しました。ここでは、ひたすら翻訳ばかりをしていました。化学・バイオ関連の英文明細書を毎日朝から夜中まで訳し続けていました。実務は、ほとんどこの特許事務所で学びました。最初は、自分の訳を先輩に直してもらい、その赤字を修正して仕上げるという流れで仕事をしていました。さまざまな実務を現場で学ぶことができました。

特許事務所に入って半年後に、自分でも特許翻訳を請け、自宅でも仕事をするようになりました。きっかけは、特許事務所での仕事があまりに忙しく、将来続けられるか不安だったからです。先輩たちも毎日夜遅くまで働いていて、家族とも会えない様子でした。その姿を見て、もっと自分らしく、余裕をもって働きたいと思ったのです。

そういう状況下で始めた週末起業ですから、**時間を捻出するのは大変**でした。本業の仕事が午前9時から午後6時まであり、残業もありました。仕事を終えて家に帰ってから深夜まで翻訳をするという週末起業を5年間続けました。5年間の最後の頃は、雇用形態を変えて、残業がない派遣社員にしてもらい、二足のわらじを履き続けました。

職場では、新卒の新入社員に「特許法の基礎」を教える仕事など、今までインプットしてきたことをアウトプットする仕事、他人に教えるという仕事をしたことで、より深く特許に関する知識を得ることができました。

こうして二足のわらじを続けるうちに、週末起業の収入が本業の収入を上回る状態が3年間維持できました。ようやく「会社を辞めても大丈夫」という自信を得て独立することができました。

今では、事業も軌道に乗り、1カ月先まで仕事が入っている状態だそうです。特許翻訳の仕事以外にも「翻訳者向けに化学を教える」仕事、講師など人前で話す仕事、インターネットを通して、特許翻訳者に必要な知識や情報を発信する仕事などをされています。

いま世の中は勉強ブームに沸いていますから、英会話や資格など、勉強にいそしむ人は少なくないと思います。せっかく学んだなら、学んだことを実際に使ってみたいはずです。しかも、それでお金が稼げるなら、さらなるモチベーションの向上につながります。

そういう人こそ、まずは週末起業で試してみることです。週末起業は実践の場、実績づくりの場として最適です。これが、活動の場を広げます。実践に勝る学習はありませんから、学習も深まります。どんなに本を読んで勉強しても、講座に通って学んでも、実践を積まなければ本当の意味で習得したことにはなりません。

お客様からお金をいただこうと考えるなら、なおさら机上の勉強だけではダメです。経験と実績が不可欠です。しかし、これが最初からある人はいません。だから、まずは週末起業で始めてみることです。はじめはボランティアで、実績を積んで実力がついたら、その実力に応じて、報酬を上げていきます。

†趣味をお金に変えたSさん（40代・男性）

趣味のある方は、そこにお金と時間を使っています。その趣味に打ち込みながら、お金がいただければ最高です。実際、そういう方はたくさんいます。

たとえば、Sさんは、コンサルティング会社に勤務するかたわら、**趣味のテニスを週末起業のネタ**にしました。テニスをネタにというとテニスのスクールか、グッズの販売を想像しそうです。しかし、テニスクラブでインストラクターをして、主婦や子どもに教えても、いわゆる週末バイトですから、稼ぎにも限界があります。それに、休日まで人に使われるのはストレスです。そこで、彼は考えました。そして、関東と関西を中心にテニス大会を主催するビジネスを始めました。

具体的には、アマチュアテニスのトーナメントを主催し、これを有料で開催することをビジネスにしました。多くのアマチュアプレイヤーに支持されて、今では全国で開催できるまでになりました。独立を果たし、このビジネスでしっかりと生計を立てています。

Sさんがテニスをネタに週末起業したのは、サラリーマン生活に不満があったからです。もともと某外資系大手消費財メーカーのマーケティング部門に就職しましたが、そこでリストラの憂き目に遭いました。知人の紹介で就職したベンチャー企業では出向を命じられ、年収が3割も減ったそうです。そして、マーケティングや販売促進の企画やコンサルタントの会社に入ったのですが、約2年間働いて社長との方針が合わず、辞めることになりました。

Sさんがサラリーマン生活の時代に、ずっと続けていたこと、それが趣味のスポーツでした。

もともと、体を動かすのが好きで、大学時代から趣味でテニスを始めたそうです。ただ、プロを目指そうとか、全国大会に出てやろうという気持ちはなかったそうです。

ただ、さすがに練習ばかりではつまらないので、一人でシングルスの大会に参加してみました。ところが、多くの大会は常連以外は顔見知りがおらず、一人で参加してもつまらないのです。

また、プレー時間より待ち時間のほうが長く、退屈です。それでも、他の試合の終了時間が分からないから、自分の出番までずっとコートの傍らで待ち続けなければなりませんでした。そして、試合に一つでも負けると出番は終わってしまいます。にもかかわらず、参加費は1回につき6000円前後と高額、そんなシステムに疑問をもったそうです。

こうした不満を解消すべく、いろいろ考えて自分で理想の大会を主催することにしました。具体的には、総当たり戦にして、5試合保証にしました。通常は、1セット6ゲームでやるところを、1試合15分の時間制としました。さらに、大会前に自己紹介する時間を設け、参加者を孤独にさせない工夫もしました。

こうして企画したオリジナルの大会の参加者を、自作のホームページにて募集したところ、同じような不満をもつ人が続々と集まってきました。1カ月の売上高は当初3万円でしたが、次第に増え、1年後には50万円になりました。こうなると本業の年収を超えています。Sさんはこれを機に独立されました。

独立してからは、ご自身もピーク時には1カ月に約100試合に参加し、テニスの腕前は格段に上がったそうです。

一般に、「趣味をビジネスにする」というのはタブーであると思われているようですが、週末起業では意外にも、趣味をビジネスに変えた方はうまくいっています。理由は、自分が好きなことだからです。

週末起業で成功する秘訣のひとつは「続ける」ことです。本業との両立が困難で、志半ばで断念する人が多いのです。とくに、はじめた当初は、どんなビジネスも時間とお金の持ち出しばかりで一銭にもなりません。手間はかかるのに無償報酬という時期が、スタートアップの時期にはどうしても生じてしまいます。この時期を乗りきれるかが成否をわかつのですが、ビジネスモデルが趣味の延長にあるのなら乗りきれます。ビジネスとして立ち上げる以前には、もともと時間とお金を費やしていた趣味だったのですから、たとえ一銭にならずとも苦にはなりません。

また、自分が好きなことなら、お客様の目線に立てるという利点もあります。消費者のニーズもとらえやすいですし、商品の目利きもできます。

さらに、趣味の仲間が、お客さんになってくれます。少なくとも、いろいろなアドバイスをもらえます。とくに商品化にあたっては、潜在顧客をリサーチすることが大切です。その際、趣味の仲間なら真っ先に協力してくれるはずです。

デメリットは、ニッチな趣味の場合、潜在的なお客様が少ないことです。ネットなどを活用してマーケットを日本中に広げる必要があります。その分野では第一人者になるくらいの気概が必要です。

また、趣味だとお金を取りづらいというデメリットもあります。いくらビジネスとはいえ、旧知の仲間に料金を請求することには心苦しさをおぼえるはずです。その場合は、仲間は仲間と割りきり、お客さんは新たに開拓することです。仲間は、市場調査の対象にしたり、マーケティング上の相談に乗ってもらうなど、あなたのビジネスに巻き込みます。

成功のポイントは、趣味をお金をいただくビジネスとして、割り切れるようになるかどうかです。**「趣味だから、楽しいから、タダでいいや」と思ってやっていると、いつまで経ってもビジネスとしては育ちません。**

たとえば、前出のテニス大会にしても、無償奉仕をしていたら、いつまでたってもただの便利な幹事です。ある時点から、思いきって有料に切り替えることが大切です。

気をつけなければいけないのが、お客様を「商品を大事にしてくれるか」「話が合うか」といった基準で差別しないことです。「あなたのことは気に入ったから、タダでいいよ」というのは、味のある商売といえなくもありませんが、ビジネスとしては失格です。他のお客様が聞いたら面白くありません。

また、ひとたびビジネスにしたら、あくまでもお客様が最優先です。テニスのトーナメントでも、自分が真っ先に試合に参加していたらビジネスになりません。ときには相手に勝たせるというサービス精神も必要かもしれません。これができるかどうかが、趣味とビジネスのわかれ道です。

†資格を活かして年商1300万円（40代・男性）

サラリーマンの間では資格の取得が人気ですが、せっかく資格を取っても活かし切れていない人が少なくないようです。かといって、会社を辞めていざ独立しても、「本当に顧客がつくのだろうか？」「今までの生活のレベルを下げずに独立できるだろうか？」という悩みにつねに苛まれます。

自分が提供するサービスや商品にどれくらいニーズがあるのか、独立前から予測できれば心強いと思います。それを実践したのが、Tさんです。

Tさんは、**社会保険労務士の資格を取得し、それを活かして独立を果たしました**。独立前にブログを書いたことで、自分が提供するサービスに手応えを感じ、独立しました。そのブログは、今も集客に寄与しています。

Tさんは、44歳、奥さまとお子さんがお一人いらっしゃいます。社会保険労務士の資格を活かして週末起業をスタートさせ、企業の人事労務関係の相談、執筆、講演などをし、**2年で月平均100万円を稼ぐまでになりました**。

もともと神戸育ちで、学生の頃から海外に強い憧れをもっていました。海運会社に就職、将来は海外駐在を夢見ていたそうです。ところが、30歳のとき、不本意ながら人事部に配属されてしまいます。「会社に勤務している以上、人事異動からは逃れられない」ことを今更ながらに実感し、自分が本当にやりたいことは何かを考えたといいます。そのとき「人」に関わる仕事がやりたいと思い、社会保険労務士になろうと考えたのです。

人事部に配属された当初は、「自分のやりたい仕事ではない。仕事もうまくこなせない」と腐っていたそうです。しかし、後ろ向きの考えを切り替えようと悩んだ結果、「自分に人事労務の知識があれば仕事も楽しくなるし、自信にもなる」と考えをあらためたそうです。そして、人事のスペシャリストになるために、まずは社会保険労務士の資格を取ることにしました。資格を取得してからは、いつしか社労士として独立できないかと考えるようになったそうです。

出会いを求めて週末起業フォーラムが主催する交流会に参加したところ、ブログやメルマガで情報を発信している人が多くいることを知りました。それまでは、インターネットとメールぐらいしかパソコンを利用していませんでしたが、「ブログなら自分にもできそうだ」と考え、軽い気持ちで始めたそうです。

内容は、人事労務の現場の話です。教科書的な人事労務の考え方ではなく、現場で起きた問題を現実的な方法で解決した顚末をケーススタディとしてブログに書きました。人事労務の現場で起こった実録モノだったために、驚くほど反響があったそうです。たとえば、社内の人間関係のトラブルが起きても、人事労務の現場にいる人間は、私的行為に介入しないのが普通です。

しかし、彼はそれでは済まされないと考え、問題に一個人として真正面から立ち向かいました。「当人同士の気持ちを整理することが重要だ」と考え、双方を呼び出して仲介もしました。そして「人事労務の仕事は、労働基準法などの関係法規に血を通わせる仕事だ」と気づいたそうです。

そんな現場の苦労話は人事担当者にとっては非常に参考になる話です。また、実録的な内容なので読み物としても楽しめます。結果、アクセス数が1日に2000〜3000に到達し、「自分の話にこんなに需要があるのなら、独立も可能だろう」と考え、独立を決意しました。

独立に際しては、勤めていた会社の上司の計らいで、退職後も業務委託という形で業務を引き続き担当することができました。おかげで、サラリーマン時代の年収と同額の売上を初年度から確保できたそうです。

現在は、勤めていた会社の仕事以外に、ブログを見た雑誌社から「あのテーマで詳しく書いてほしい」と執筆依頼が定期的に来るようになりました。また、雑誌への寄稿の実績が評価され講演依頼を受けるようになり、仕事が次々に来る循環を作ることに成功しました。

週末起業に費やす時間をどう捻出するか、その問題には誰もが悩むようですが、その気になれば時間というものは確保できるものです。Tさんは、社労士の資格を取得するときに、早朝を有効に活用していました。平日に疲れて帰宅してもすぐに就寝すれば、翌朝にはフレッシュな気分で取り組むことができるからです。

それに、早朝は頭もハッキリしているので、物事を覚えやすくなります。Tさんは午前6時に家を出て、通勤電車のなかで参考書を読んで勉強、7時に会社に着くと、会社の机で始業時刻の9時まで2時間みっちり集中して勉強しました。週末は、午前中を勉強に充て、午後は家族との団欒に費やしました。週末起業を始めてからは、勉強に費やした時間帯をそのまま週末起業にあてました。

週末起業ではコンサルティングは人気です。「先生」と呼ばれますし、スーツを着て専門知識を利用して問題解決するという、知的労働者のイメージがあるからです。さらに、本業にも生かしやすく、会社の許可を取りやすいというメリットがあります。

しかし、資格を取っても、顧客獲得に苦労するのが普通です。Tさんは、週末起業時代にブログに出会い、このハードルをうまくクリアした成功例です。

†飲食店の経営者になったOさん（40代・男性）

お金をかけない。これが週末起業のいいところです。しかし、読者のなかには「どうせやるなら大きく稼ぎたい！」と考える人もいると思います。将来、独立を考える人なら、なおさらです。

そんな方には、**飲食店経営という方法**もあります。もちろん「会社を辞めずに」です。実際に成功された方がいます。大手電機メーカーに勤務する現役のサラリーマンOさんです。

Oさんは、サラリーマン生活18年目の40歳ですが、3つの飲食店も経営しています。新宿界隈で座席数80の串焼きダイニングを経営し、その店はいつもサラリーマンで賑わっています。

Oさんが飲食店経営に興味をもったのは、知人が経営する飲食店を手伝ったことがきっかけだそうです。店の経営に携わるうちに、その面白さに魅了されたのです。

とはいっても、普段は普通の会社勤めです。そのため、日中ずっと店に張り付くわけにもいきません。実際の運営は他人に任せざるを得ません。それでも、会社帰りや休日には足を運び、店員を指導していました。やがて店の切り盛りも板につき、工夫や改善を重ねると面白いように売上が伸びました。そうなると、この仕事に強いやりがいを感じるようになりました。

もちろん、本業もおろそかにはできません。深夜まで店で過ごし、一睡もせずに出社することもありました。それでも毎日が充実していたので、つらいと思ったことはないそうです。

そんな高いモチベーションで取り組んだ結果、店は順調に売上を伸ばし、2店目、3店目と店舗を増やすことができました。結果、売上は2億6000万円に達しました。

それにしても、普通のサラリーマンで、ノウハウもなく、資金もない状態で、本当に飲食店を立ち上げ、経営することが可能なのでしょうか？

Oさんの場合、**まずはフランチャイズに加盟して、そこで経営のノウハウを学んだ**そうです。資金については、日本政策金融公庫（元国民生活金融公庫）から融資を受けました。その他、厨房の什器などの備品は、リースや割賦契約でまかない、安く抑えました。このあたりのノウハウも、フランチャイズから学んだそうです。

なお、会社にいながら飲食店経営をしたメリットとして、サラリーマンとしての強みも活かせたそうです。たとえば、職場で培ったリーダーシップやマネジメント力が大いに役立ちました。飲食店の売上が伸びるかどうかはスタッフのやる気次第です。彼らにやる気をもってもらえないと始まりません。そのためにスタッフ一人ひとりと何回もミーティングを重ね、その人の適性から、やりたいことを話し合い、気持ちよく働ける環境づくりを目指したそうです。これは、サラリーマンであれば、日常的に部下のモチベーションアップや他部署との折衝や調整でやっていることと同じです。サラリーマンとしての経験が飲食店経営に活かせたのです。

また、サラリーマンであれば、顧客の視点をもち続けることができます。飲食店は、顧客の立場に立ったメニューや店づくり、サービスを絶えず考えることが大切です。オーナー店長はこの視点を維持するのに苦労しますが、サラリーマンならお客様の立場がよくわかります。

さらに、会社で使う計数管理も活かせます。バランスシートや損益計算書を分析しながら、売上を上げるためにメニューの改変などの工夫をし、変動費を抑えるためにシフト調整をし、固定費を下げるために借入金を繰り上げ返済することで、売上を伸ばしていきます。こうしたことを会社で仕事にしているなら、そのスキルはそのまま活かせます。

同様に、飲食店の経験が本業にも活かせます。法律、財務、雇用など、サラリーマンでは経験できない業務を知ることができます。何よりも経営者として人の上に立つ経験をすることで、本業の仕事に深みが増します。こうした相乗効果があることから、それだけ売上があっても、会社を辞めたいとは思わないそうです。

Oさんの場合、そもそも本業をやめる必要がないのです。オープン前やオープン直後ならともかく、いったんビジネスが軌道に乗ってしまえば、スタッフに任せることができます。もちろん、信頼できるスタッフがいることが条件です。飲食店は、うまく経営すれば、オーナーの時間は自由になります。Oさんも、日中は会社の仕事をしっかりこなし、平日の夜と休日に週末起業に取り組むのですが、日曜日は家族と過ごすなど、ゆっくり休息を取っているそうです。

辞めない理由のもうひとつは、18年目になる電機メーカーのサラリーマンの仕事を続けたいという思いからです。会社では、企画や営業に携わっていますが、そこには飲食業とは違う意味でのやりがいがあります。心から打ち込める仕事を見つけられない人が多いなか、好きな仕事が2つも見つけられたOさんは恵まれています。できればいつまでも両方続けたいのが本音のようです。

†ネットオークションをオンラインショップに発展させる（40代・男性）

ハイリスク・ハイリターンでなく、リスクを最小限に抑えたネット副業から始めて、それを週末起業に育てた方をご紹介します。

Fさんは、週末起業のスタートにあたって、**ネットオークションから着手**されました。電機メーカーにお勤めの45歳で、奥さまとお子様がお二人いらっしゃいます。サラリーマン時代から「給料とは別に、何かでお金を儲けたい」と思い、株式投資なども体験しました。しかし、銘柄選びが大変で、いくら情報収集しても次に何が起きるかいつも不安でした。長期銘柄を狙うなら余裕資金も必要です。結局、時間もお金もなく、株式投資はやめました。

その後「インターネットで何かできないか」と考え、行きついたのがネットオークションでした。最初は、ヤフーオークション、いわゆるヤフオクで奥さんの洋服を出品してみました。「どうせ捨てるなら、少しでもお金になれば助かる」と、軽い気持ちで出品しました。すると、出品したものがすべて完売し、その気になりました。

出品するうちに奥の深さを知りました。たとえば「皆が欲しいものやブランドは限られている」ということです。これは、人気があるものを入手して出品すれば、かならず落札してもらえることを意味します。こうしたことがわかるにつけ、ネットオークションは株式投資よりも自分の裁量で稼げる範疇《はんちゅう》が広いと感じ、のめり込んだそうです。

その後、自宅には売るものがなくなり、みずから仕入れを手掛けるようになります。最初は、主にフリーマーケットを利用しました。流行のブランドを若い女性が500円くらいで売っているので、それを大量に購入して出品しました。次第に、ブティックやデパート、アウトレットなどと行動範囲を広げ、バーゲン時のセール品を大量に購入するようになります。ときには、海外の問屋から仕入れたこともありました。こうして、オークションの売上が、月に100万円を超えるようになりました。

悩まされたのが、時間不足です。平日は会社がありますので、早朝と休日にオークションの業務を行って、時間的な区別をつけていました。どんなに忙しくても、公私の別はつけようと決意し、本業の職場には持ち込まなかったそうです。落札情報も携帯電話で確認できるのですが、勤務中は一切やらなかったそうです。

プライベートでも、お子さんが小学生だったので、家族で過ごす時間の確保が必要でした。早朝なら、家族は寝ていますので何をやっても問題ありません。帰宅後は、できるだけ家族と過ごし、会話をするように努めました。夕食もできるだけ家族一緒にとるように心がけました。休日は、たとえば商品の仕入れなどで遠方に出かける必要があるときは、家族旅行に結びつけるなどして家族サービスにも配慮しました。このように工夫を凝らすことで、家族との時間も確保しつつ、週末起業に取り組んだそうです。

これらの活動で得たのは、何よりも精神的な満足感だそうです。金額は小さくとも、会社の給料以外の方法で稼げることが、大きな満足感につながったそうです。もちろん、お子さんの教育に費用のかかる時期ということもあり、収入も貴重でした。その後、Kさんは会社を辞めて独立開業することになるのですが、その際も不安がなく、家族の説得にも役立ったそうです。

「週末起業はしたいが、何をやったらいいかわからない」。そういう方は、Fさんのようにまずはネット副業のようなものから始めることをおすすめします。

たとえば、オークションであれば、元手ができれば自分のネットショップを立ち上げたり、リアル店舗を立ち上げたりすることができます。自力で稼いだことのない人が一歩踏み出すには最適です。また、そこから飛躍することも十分に可能です。これらの点から、誰にでもおすすめしたいやり方のひとつです。

インターネットの世界には、手軽に小遣い稼ぎができる仕組みがたくさんあります。たとえば、商品を紹介して、それが売れると一定の手数料がもらえる「アフィリエイト」、商品を仕入れず販売し、販売手数料だけがもらえる「ドロップシッピング」、商品を出品してお客さんに落札してもらう「ネットオークション」、ネットで古本を販売する「せどり」などです。このようなサービスは検索すれば、いくらでも出てきます。また、新しいサービスが次から次へと登場しています。

これらのネット副業のほとんどが、ごく簡単なパソコン操作ができて、自分のブログやケータイサイトなどを立ち上げることができれば、すぐに始められるものばかりです。参考書もたくさん出ています。まずは、簡単な基本書を何冊か買って研究してみるといいかもしれません。

こうしたネット副業の場合、起業のネタを考える必要はありません。とにかく、インターネット上にある各種のサービスが用意した所定の方法で始めれば、すぐに稼ぐことができます。金額の多寡はともかく、確実にお金を稼ぐことはできます。

自分で仕組みを構築していない点では、起業とはいえないかもしれません。しかし「ネタがない」と何年も悩むくらいなら、手始めとしてこうした既存のサービスを使って始めてみることです。そうすれば、ノウハウが蓄積されます。ネタも思いつくかもしれません。何より、確実に、手っとり早く、少しは稼ぐことができますから、それを元手に本当にやりたいことができます。

第４章

ネットをうまく利用しよう

†週末起業にまつわる疑問① 週末起業は週末だけでいいのか?

週末起業は週末だけやれば十分なのでしょうか? あえて答えなくともおわかりいただけると思いますが、意外にも誤解されている方が多いので念のためお断りしておくと、その答えは「ノー」です。

「週末」という言葉はあくまでも比ゆ的な表現にすぎません。ほとんどの週末起業家は、本業の始業前や退社後、長期休暇中にもやっています。週末だけでは、とても時間が足りません。また、お客様がいることを考えると、週末だけで成り立つビジネスはあまりないと思います。

では、週末起業をしていなくても、本業の仕事で忙しいサラリーマンが、いったいどのように時間を捻出しているのでしょう? 現役のサラリーマンなら、平日は本業の仕事で手いっぱいです。残業もあるし、社内外のお付き合いもあるでしょう。最近は、勉強だってしなければなりません。

実は、週末起業の永遠かつ最大のテーマは「時間」です。週末起業と普通の起業に違いがあるとしたら、「時間の制約の有無」です。そこに週末起業で成功できるかどうかの秘訣が隠されています。

週末起業では時間とどのように付き合うべきか、本章ではできるだけ具体的にご紹介していきます。

対処法① 時間効率のアップ

本業の仕事を効率よく済ませます。「絶対に残業しない」という確固たる決意のもと、猛スピードで仕事を片付けます。残業しなくても周囲から認めてもらうために、パフォーマンスも人並み以上にあげる必要があります。面白いことに、このように効率的に仕事を進めることで、会社でも上司からの評価が上がります。結果的に会社から引き留められる人や、出世してかえって忙しくなり、週末起業がやりにくくなる人もいます。結果「出世を転機に退職せざるを得なくなった」というケースもあります。

対処法② 時間のリストラ

スキ間時間や、ダラダラと過ごしていた時間、無駄な人間関係に費やした時間などを見直して排除し、これらの時間を週末起業にあてます。日ごろ惰眠をむさぼっているような人は、これを機会に生活改善ができます。多くは、平日の早朝をあてるケースが多いようです。

ご家族がいらっしゃる週末起業家は、週休2日のうちの1日をビジネスに、もう1日を家族サービスにあてることで、ワークライフバランスを保っています。

対処法③ 多少は無理をする

ある時期、睡眠時間を削ったり、ときには徹夜をしたりする人もいます。正直、週末起業は楽しいので、「気がついたら徹夜していた」というのが本当のところなのですが、むやみに睡眠時間を削ると体を壊します。休日をあてると家庭を壊します。そうなれば、元も子もありません。こうした無理は、あくまでも立ち上げの時期や繁忙期など一時的なものに限るべきです。

対処法④ 週末起業の仕事を「効率化」する

週末起業の仕事を付加価値の高い仕事にします。そうすることで、実働時間を増やすことなく、ビジネスを成長させることができます。

反対に、やってはいけないのは薄利多売です。これをやると「貧乏暇なし」に陥ります。不特定多数の人に、商品を安く売るのは大企業の仕事です。そういう商売は週末起業のような小さなビジネスではタブーです。

コンサルタント業のような仕事は時間単価の高い仕事です。理由は、付加価値が大きいからです。だから、物を売る場合も、左から右に売るだけではなく、コンサルティングやサポート、アフターサービスなどを付加します。そうすることで付加価値が高まり、単価を高くすることができます。

対処法⑤ 仕組みを作る

たとえあなた自身がいなくても、ビジネスが回る仕組みを作ります。たとえば、アルバイトや外部スタッフを雇ってルーティン業務をやってもらいます。これは一般的にいえることですが、経営者が忙しい会社はダメ会社です。週末起業でも、本人がバタバタ働いていては、いつまでも成長できません。

まして、週末起業の場合、本人には本業があります。できるだけ本人がいなくても回るようにビジネスを育てることです。こうして、自分がいなくても回る仕組みを作ることが、時間捻出の肝になります。

†週末起業にまつわる疑問② 本当にお金をかけないのか？

拙著『週末起業』では、週末起業はお金をかけずに始めることを推奨しました。かつて、起業というと借金をして始めるのが当たり前でした。

だから「お金をかけずに」というメッセージは、驚きをもって迎えられたのです。当時はインターネットのサービスが次々と登場したころで、それらをうまく使えば、全くお金をかけずにビジネスを始めることもできるようになりつつありました。

お金をかけない理由は二つあります。ひとつは、リスクが低くなるから、です。**お金さえかけなければ、万が一失敗しても失うものは何もありません。**もうひとつは、「お金がない」ことを言い訳にして、行動に移さないことを避けるためです。行動しない人の言い訳のひとつが「お金がない」というものです。**その言い訳を自分に言わせないために、お金をかけなくてもできることからやってみます。**

ほとんどの方が、自宅のコンピュータやプリンターを購入するくらいで、元手もかけずに、週末起業を始めています。軌道に乗って、余裕が出てきたところで、売上のなかから多少のお金を投資にまわしています。

しかし、最近は、初期段階からいきなりお金を投資する人も増えました。大きな理由としては、週末起業で取り組む業種の幅が広がったからです。典型的な例が、飲食店経営です。店舗の保証金と什器を揃えるだけで、数百万円の元手が必要です。従業員も雇いますから、運転資金も必要です。

また、ウェブの制作にお金がかかるようになったことも理由のひとつです。かつては、ウェブ制作は、主に手作りでした。当時はウェブサイトがない会社も多く、ウェブサイトが「あるだけまし」という感じでした。多少出来が悪くても仕事は取れました。

しかし、最近は、どんなに小さな会社もウェブサイトくらいあるのが当たり前です。しかも、素人くさいウェブサイトでは、かえって信用を損なうため、プロに外注して作ってもらうケースがほとんどです。この際、当然お金が必要になります。安くても数万円、高ければ数百万円にもなります。

資金調達も多岐にわたります。預金を取り崩す、ボーナスをあてこむ、退職金をあてるといった方法がかつては一般的でしたが、最近はそれ以外に金融機関から借金する、出資を仰ぐ、不動産投資をして種銭を稼ぐという例まであります。

サラリーマンは会社からの給与という安定継続収入があり、かつ会社勤めという担保もあります。そのため、いきなり独立して始める人に比べれば、資金調達がしやすい面があります。

ただ、くれぐれも心に留めておいていただきたいことは、お金の扱いは難しいということです。大金を手にしたとしても、気前よく使ってはいけません。

経営者には、経営者としてのお金の使い方があります。たとえば、それが消費か投資かを考えることや、リスクの許容範囲を知ることなどです。これは、会社を経営する過程で少しずつ身につけるものであり、このプロセスを省略すると失敗します。小さな会社がいきなりお金を手にして失敗する例が数多くあります。

だから、はじめは極力、お金のかからないやり方で取り組むことです。**ビジネスは、失敗を繰り返すものです。はじめからすべてを投じたら、再起すらできなくなります。**そもそもサラリーマンなら借金は怖いはずです。私もそうでした。住宅ローンならいざ知らず、成功する確約のない事業に対して、個人保証を付けて借金をするのですから、怖気づくのは普通です。失敗すれば、返済だけが残るのですから。しかも、その返済は本業の給与から返し続けねばなりません。当然、ご家族からの賛成も得られにくくなります。

経営者は一見すると無茶をしているようで、きちんと考えてお金を使っています。リスクに対するポリシーをもっていますし、自分の生活が維持できるように、リスクヘッジも考えたうえで投資をしています。そういう人たちの上っ面だけを真似てはいけません。

借金が怖いなら、まずはお金をかけずに、できるところから始めることです。お金の代わりに、知恵と工夫で乗り切るのです。お金の勝負では、独立してやっている人には太刀打ちできません。しかし、知恵と工夫なら、互角に勝負できます。

もちろん、将来、どこかのタイミングで借金が必要になるかもしれません。その時までには、事業がキャッシュを生んでいるでしょうし、経営者としてお金の扱い方も鍛えられているはずです。そのときに初めて、融資なり、出資なりを検討すればいいと思います。

†週末起業にまつわる疑問③　やっぱり会社は辞めないのか?

会社を辞めずに起業する――。これが週末起業の最大の特徴です。これにより、給与という安定継続収入を得ながら事業を立ち上げることができます。結果的に失敗のリスクを軽減できます。だから、できるだけ二足のわらじを履きつづけることを推奨しています。

会社を辞めずに「始める」だけで、「続ける」ことまでは推奨していません。週末起業が軌道に乗ったら本業を辞めるかどうかは自由です。実際、週末起業家の多くが、軌道に乗ると独立します。

独立を考える目安としては、週末起業から得られる報酬が、本業の給与を超えた時点です。週末起業が軌道に乗り、給与と同額の収入を得るようになれば、誰もが独立を考えます。始めた当初は「定年退職まで二足のわらじでいきます」と言っていた人さえ、やはり辞めてしまいます。

実は、**多くの起業家が週末起業出身者**です。このことは、もっと知られていい事実です。ここでは名前は明かせませんが、日本を代表する、すでに株式公開を果たしたベンチャー企業の経営者の多くが、もともとは会社に勤めながら週末起業で自分のビジネスを立ち上げた経緯をもっています。

私は、かつてたくさんのベンチャー企業の経営者にインタビューをした時期があります。そのなかでこの事実を知りました。その結果、週末起業の可能性を確信したことを覚えています。

ただ、すでに成功した人にとっては、これは隠したい過去のようです。理由はいくつか考えられますが、まず自社の従業員が同じように副業をして、独立されたら困ると考えるからです。また、前職の会社がこの事実を知り、就業規則違反だとして訴訟を起こしたら、面倒なことになるからです。このように、週末起業家としての過去を世間に公開することにはリスクが伴います。反面、メリットはありません。だから、かつての週末起業時代のことは隠しておきたいのです。

私が週末起業を広めようとしているのは、そもそも起業支援の一環です。「日本を起業家であふれる国にしたい」という想いを実現したいからです。何も、副業する人を増やしたいわけではありません。

ただし、週末起業が少しくらいうまくいったくらいで、「簡単に辞めないでほしい」と釘はさしておきます。とくに、勘違いに注意です。副収入が月50万円、年に600万円といえば、周囲から「すごい」と言われます。マスコミの副業特集でも、成功事例として取り上げられます。でも、それはあくまでも「副」収入だからです。本業で年収が600万円では、酒の肴にもなりません。有頂天になってはいけません。

残念ながら、週末起業を軌道に乗せた上で独立しても、失敗する人がいます。原因の多くは、このあたりの見込み違いです。

では、独立開業のタイミングをいつにしたらいいのでしょう？　私は「退職で得られる時間を使って、退職で失うお金（給与）を稼げるか」がひとつの判断基準と考えています。この判断は、長期的展望に立って下す必要があります。つまり「自分がサラリーマンを続けた場合、今から定年退職まで稼げる金額」と「独立開業してこれから稼げる金額」を比較する必要があります。これは長期の予測ですから、容易にはできません。また、いくら考えても確証は得られません。最後は「どこまでリスクをとるか、とれるか」の判断です。

とはいえ、これはあくまでもお金の話です。「会社を辞めるかどうか」の判断は、お金だけで判断できるものでもありません。自分の価値観や人生観に照らして総合的に判断するべきです。自分が本当にやりたいことがあるなら、自分らしく生きられると思うなら、多少収入は減っても、多少のリスクがあっても、それが許容範囲である限り、思い切って独立するという判断はありえます。

†週末起業にまつわる疑問④ 「好きなこと」がおすすめか？

拙著『週末起業』では、「何をやるか」、つまり起業ネタの選定において、自分が「好きなこと」をネタに選ぶことをおすすめしました。自分の趣味や嗜好、特技などを洗い出していただき、起業のネタ探しのヒントにしてもらいます。

実際、成功している人の大半が、好きなことをネタにしています。たとえば、第3章でご紹介したテニス好きのSさんの場合は、アマチュアテニス大会を主催することをビジネスにしました。他にも、文房具が大好きという方は、文房具のコンサルタントになりました。ダイビングが好きという方は、週末だけダイビングショップをオープンしました。

理由は、好きでないと続かないからです。週末起業の最大の障害は、続かないことです。やらなくても食うに困らない週末起業が失敗するのは、続けずにやめてしまうからです。続けるためには、好きなことをネタにすることが一番です。

一般的には「好きなことをやるな。儲かることをやれ」といわれています。起業に成功した経営者や、起業ノウハウ本に書かれているアドバイスは、そうした意見が大半です。この指摘は正しいと思います。世の中には、儲けやすいビジネスと、儲けにくいビジネスとがあります。粗利が大きくて、在庫が不要なものほど儲かりやすいビジネスです。とくに、週末起業のように、お金をかけない小さなビジネスでは、薄利多売のビジネスでなく、利益率の大きなビジネスをするべきです。

ここで「好きなことか、儲かることか」のどちらを選べばいいのか迷う方がいます。しかし、これは設問が間違っています。二者択一ではありません。「好きなことを、儲かるようにやるには、どうしたらいいか」と考えるべきです。

たとえば、一般に個人を対象にしたビジネスよりも、法人を対象にしたビジネスのほうが、売上の規模も利益も大きくなります。前出の文房具のコンサルタントの方も、企業がお客さんだから成り立つビジネスといえます。一般の文房具ファンを対象にすると薄利多売になりやすく、成り立たないかもしれません。

また、規模を大きくしたいなら、業種を選ぶべきです。大きくできるかどうかも、業種次第です。経営者の集まりに出ると、どんな事業が大きくなりやすいかは、すぐにわかります。規模の大きな事業は、業種が著しく偏っているからです。

一般に、不動産関連、人材派遣関連、広告関連、システム関連のビジネスは規模が大きくなりやすいようです。もちろん、タイミングにもよります。ある時期ならインターネット系のビジネス、今なら環境関連のビジネスが大きくしやすいビジネスです。これから何かを始めるなら、大きくしやすい事業を、うまくいきやすい時期に始めるのが近道です。

ただ、大きくなりやすいビジネスは、誰もが参入するビジネスでもあります。退路を断った、真剣勝負の起業家たちが参入する群雄割拠の戦場です。そんな戦場に、サラリーマンに片足を突っ込みながら参入しても、あっという間に吹き飛ばされるのは目に見えています。

そもそも、目指すところが違います。週末起業は、サラリーマンの経済的な自立を目指しています。自立とは、会社など他のものに頼らず、自力で自分と家族が暮らしていける収入を稼ぎだすことです。普通の起業家のように、ありったけのヒト、モノ、カネを投じて、自分の人生まで投じて、特定の分野で圧倒的なシェアを確保しようとする陣取り合戦ではありません。

もちろん、まずは週末起業でスタートして、いずれはそうした世界を目指すこともできます。現にそういう人は少なくありません。

しかし、週末起業の最初の目的は、あくまでも経済的自立を果たすこと、そして「サラリーマン」から「起業家」になることです。**サラリーマンが、いきなり独立した人の真似をするとケガをします。まずは、小さな自分のビジネスをやることです。**その過程で起業家として育つことです。いわば、週末起業を起業スクールととらえて、社業の拡大に励むのです。その過程で起業家として育ってから、群雄割拠の戦場には参入すればよいのです。

週末起業にまつわる疑問⑤「できること」でやるべきか？

拙著『週末起業』では、週末起業の起業ネタの選定にあたって「好きなこと」に加えて「できること」をやるべきだと推奨しました。わざわざ「できないこと」をビジネスにしたい人はいないでしょうから、私の主張にも納得いただけると思います。

ただ、これを読んで「自分には、できることなど何もない」とあきらめる方がいます。「そんな特技があれば、とっくにやっているよ」というご意見もいただきます。そういう人は構えすぎです。他の人よりちょっと得意という程度で十分です。

自分の特技は、自分では気がつかないことが多いようです。当たり前のようにやっているものほど、「できること」だったりするものです。

たとえば、周囲から頼まれごとをするのは、どんな時でしょう？　とくに、普段仕事で当たり前にやっていることは、自分では価値に気がつきにくいですが、実際はとんでもない価値をもっていることがあります。

ある方は、会社でプレゼンばかりしていました。その資料のできがあまりに素晴らしく、外部の大手企業から作成代行を頼まれるようになりました。結果、プレゼン資料の受託を

1本につき10万円以上で請けるようになりました。広告代理店やコンサルティング会社、大学などの学校がお客さんです。

また、弊社の会報誌は、作成を週末起業家にお願いしています。彼も、こうした印刷物の企画などで方々の仕事を受託しています。もともと、ご本人が会社で社内報を作っており、そこに目をつけてお願いしました。彼も自分のやっていることの価値に気づかなかった一人です。なにせ、最初は「ファイナンシャルプランナーを目指す」と息巻いて勉強をしていたのです。ずいぶん周り道をしたと思います。

ただ、仕事の延長線になると、週末起業のタブーのひとつ「本業とバッティングすること」になるのでご注意ください。テーマを変える、対象を変えるなど、対処法はいろいろあると思います。可能ならば、会社から了解をとっておくことも大切です。

また「できること」の発展形で、専門家になることをおすすめします。これも高いハードルと感じる方が多いようです。「自分に高度な知識などない」というわけです。

しかし、これもプロ級でなくても十分です。自分よりできない人から見れば、あなたも立派な専門家です。まずは、初心者相手、そこから始めて、少しずつ本物になればいいのです。

たとえば、中小企業診断士の通信講座サイトを作った方は、実は受験勉強のかたわら、このビジネスを始めました。資格ビジネスは、大手の資格学校がしのぎを削る競争の激しい世界です。講師は、コンサルタントや大学の先生が副業でやるのが一般的です。彼らほどの専門知識は、とても望めません。しかし、受験生に必要なのは、受験に受かる程度の知識です。その点では、すでに取得した人は、これから習得する人から見れば十分専門家です。大学生が家庭教師をできるのと同じです。

ノウハウも、ユーザー目線、カリスマユーザーで十分です。最近、書評ブログが活況を呈しています。彼らは、ベストセラーを作り出す力さえあるため、出版社や著者から大切にされています。そんな彼らとて、専門家でも、業界人でもありません。ただの一読者です。それでも、ユーザー代表として、著者や出版社との交流ができます。そうこうするうちに、気がつけば本当の専門家になっています。

他に専門家がいない分野なら、より楽に専門家になれます。たとえば、「キッチン整頓コンサルタント」と呼ばれる人がいます。彼らも、もともとは、整理整頓がちょっと得意という程度の人です。自分の体験をブログやメルマガなどで発信したところ、苦手な人から頼まれて手伝うようになりました。

その間に「苦手な人は、こんなことができないのか」と気づき、それを参考にしてノウハウを作り、実績を蓄積していきました。これがメディアなどの目に留まりました。メディアが求めているのは、独自のノウハウと事例です。事例があれば取材が殺到します。こうして専門家になっていけばよいのです。

†週末起業にまつわる疑問⑥　時流に乗ることは必要か？

起業ネタの選定にあたっては、世の中の流れ、すなわち時流に乗ることが大切です。流れに逆らってもろくなことはありません。同じことを同じようにやっても、うまくいくときと、いかないときがあります。

たとえば、私の提唱する「週末起業」のメッセージは、典型的な不況銘柄です。景気の影響を受けやすいテーマです。10年前から言い続けているので、さすがにトレンドを感じます。

最初の本『「週末起業」これで私もお金持ちかも』（中経出版）を2001年に出版しましたが売れませんでした。その後、2003年に同名のタイトルで出版したら、ベストセラーになりました。その影響で、週末起業セミナーもたくさんの受講者に聞いていただけました。

その後、2005年からは景気がもち直し、すっかり忘れられました。そして、2007年、サブプライム問題の影響で景気が悪化すると、再び脚光を浴びるようになりました。私が言いたいのは、ブームに乗れとか、流行に合わせろということではありません。タイミングを読むのはとても難しいことです。また、ブームになれば、誰もがその市場に参入します。週末起業では、とても太刀打ちできません。

なにより、ビジネスは長期戦です。その間、どんな事業も良いときもあれば悪いときもあります。良いときしか成り立たなければ、長きにわたって継続することは不可能です。「時流に乗る」というのは、その時期にあったことを、あったやり方でやろうということです。言い方を換えれば「お客様がいることをやれ」「お客様が欲しがるやり方でやれ」ということです。

相談を受ける起業ネタのなかには「これ誰が買うのかな」というものが少なくありません。どんなに良いものであっても、お客様がいなければ売れません。

また、同じネタでも、タイミングによってやり方は変わります。ドラッグストアも、雨が降ったら軒先に傘を並べ、花粉が飛べばマスクを、暑ければ日焼け止めを並べます。ラーメン屋も、夏になると冷やし中華を始めます。

私が前作を著したときにおすすめしたメルマガも、今ではあまり読まれなくなりました。しかし、文章そのものが廃れたわけではありません。事実、他の文章は読まれています。たとえば、少し前ならブログ、今ならＳＮＳなどです。だから書く側はその時代に合わせて何を使って表現するかを変えていけばいいのです。

世の中の流れに合わせて、いちいち看板を掛け替えるのは大変です。ただ、**お客様の要望の変化に合わせて、お客様が買いたいものを、買いたいように売ることが、ビジネスの鉄則**です。これこそが、私の言いたい「時流に乗る」ということなのです。

†週末起業にまつわる疑問⑦　アルバイトじゃダメなのか?

第２章の冒頭で説明したとおり、会社にいながらアルバイトをすることを、本書では「週末バイト」と呼びます。会社にいながら始める点では同じでも、週末バイトと、週末起業は雲泥の差です。実態や将来性が大きく異なります。

週末バイトで得られるのは、給与です。自分の時間を切り売りしてお金をいただくだけです。給与の支払元がもうひとつ増えただけですから、給与に依存している状態に変わりなく、真の意味で自立できていません。

一方、週末起業で得られるのは事業所得です。だから、本業の給与所得に加えて、事業所得が加わります。これが、リスクヘッジになります。

ただ、週末バイトにも良い面があります。**週末起業のステップにできる**点です。週末起業でスキルやノウハウが必要な場合で、本業でその習得が見込めない場合、習得のための勉強をするために、他の会社でアルバイトをするのはありです。

たとえば、電機メーカーに勤めながらバーの経営を始めた方は、バー経営のノウハウを学ぶために、バーでアルバイトをしました。

私も、金融系の会社に勤めながら、コンサルタントを目指しましたが、始める前にコンサルティング会社でアルバイトをしました。やはり、コンサルティングのスキル習得が目的です。他にも、ライターを目指す方が雑誌社でアルバイトをするなどというケースが考えられます。

場合によっては、アルバイト先からお客さんを紹介してもらえたり、その会社そのものが自分のお客さんになってくれたりする場合があります。

このように、目指すのはあくまでも週末起業で、その最初のステップとしてアルバイトを始めるなら、有効な手立てだと思います。あくまでも目的次第ということです。

また、これはまったく次元の違う話ですが、やはりアルバイトを推奨する場合があります。それは、副業の目的がお金という場合です。ときどき、給与減やボーナスカットで、住宅ローンや子どもの教育費などが払えないという人がいます。そういう人から「週末起業を始めたい」という相談を受けることがあります。

しかし、週末起業では、思い立ってからキャッシュを手にするまでに、早くて半年、遅い場合は2年以上かかります。それだけ待っても確実にキャッシュが得られる保証はどこにもありません。その間、キャッシュが不足して、家計が破たんしてしまっては元も子もありません。

だから、**どうしてもてっとり早くお金を得る必要があるという場合は、金額は少なくても確実にお金が入るアルバイトをおすすめしています。**

いずれにしろ、週末バイトをするなら目的を明確にしておくことです。週末起業の種銭目的なら、稼ぎの大きさで決めることです。たとえば、自販機設置場所の調査は1台設置するごとに6万〜10万円もらえます。このように出来高制のものは、一般に割がいいので、週末バイトにはピッタリです。

他に割のいいものとしては、継続的なものより、単発のもののほうがいいようです。選挙関連スタッフ、資格試験の監督、エキストラなどが代表的です。こうしたものをこまめに探してやることで、総体的に大きく稼ぐことは可能です。

ただし、どんな場合も、まず、本業と両立できることが大前提です。前出の自販機設置場所の調査は、3割以上がサラリーマンのアルバイトということですから実行可能性も高いと思います。この週末・深夜であることが条件になります。

また、肉体的・精神的な負担になることはやらないことです。人間関係が煩わしいようではストレスになります。酒を飲めない人が、飲み屋で働くのも無理があるでしょう。

キツい、ネムい、ツラい仕事はおすすめしません。週末バイトでは、たとえば、居酒屋、コンビニ、ガソリンスタンド、老人ホームの宿直、駐車場、電話の受信、常駐警備、ビル清掃などが人気ですが、続けるのはなかなか困難です。

趣味が活かせるようなものなら、気分転換になりますし、そこから週末起業に発展させる可能性も高くなります。

†ツールの充実でハードルが下がった

週末起業の普及は、コミュニケーション環境の整備が追い風になっています。なかでも携帯電話、そしてインターネットの普及が大きな原動力になりました。これらのツールが登場したからこそ、会社を辞めずに、お金をかけずにビジネスを立ち上げることが可能になったのです。

こうした技術革新は、今も続いています。それに伴って、週末起業家たちは、それをうまく自分たちのビジネスに取り込んで、ビジネスを盛り上げています。

†まずは情報発信せよ

週末起業では、まず情報発信をして見込み客を集め、その人たちに向けて商品やサービスを提供するのが一般的です。かつて、メルマガ全盛期のころは、多くの週末起業家がメルマガを発行して情報を発信、読者を自分のホームページに誘導して商品を販売していました。その後、メルマガは発行者が急増、新規読者の確保が困難になりました。

代わりに、情報発信の手法として、次のようなツールが登場しています。

ブログ

自分でブログを立ち上げ、日記を書く人が増えました。そこにアフィリエイトと呼ばれる広告を掲載して広告収入を得る人がたくさんいます。さらに、自分のセミナーを開催したり、自著を販売したりする場合、ブログでPRをする人もいます。

第3章の社会保険労務士Tさんは、資格を活かして人事相談に乗りながら、ブログの記事として公開、そこから人事関連のコンサルティングの相談を受けつけながら、クライアント獲得につなげていました。このようなやり方をするコンサルタントは、週末起業に限らず増えています。

ソーシャルネットワークサービス（SNS）

ミクシィの株式公開が象徴するとおり、ソーシャルネットワーキングは広く認知されています。それを受け、起業家同士の出会いや交流の場としても、インターネットの比重がますます大きくなっています。多忙な方や遠隔地の方も参加しやすくなりました。ここでコミュニティを立ち上げ、盛り上げることで、登録者を増やし、自分のお店に誘導している人もいます。

ポッドキャスティング

iPodをはじめとする携帯音楽プレーヤーが人気を博しました。秘密は、楽曲がダウンロードで購入できる手軽さです。これは、音楽にとどまりません。あらゆる音声ファイルの取り込みを容易にしました。ポッドキャスティングという仕組みを使うと、自分が作った音声ファイルを発信することも容易にできます。こうした仕組みを使ったビジネスも登場しています。ある方は、自分の講義や書評を肉声で録音して、ポッドキャスティングで配信しています。そこから広告収入を得たり、自分の勉強会に誘導しています。

ユーチューブを活用した動画配信

動画配信サイトのユーチューブの登場も大きなインパクトを与えました。動画を配信してさまざまな映像を使って表現することで、ビジネスに活用している人がいます。最近は、コマーシャライザーという、CM動画作成のサービスも登場し、自社の動画広告も容易に作れるようになりました。

このように、情報発信の手段が次々と登場し、普及しました。これらを上手に活用したビジネスがさまざまに立ち上がっています。

反面、ブログの書き込みが原因でバッシングされ閉鎖にまで追い込まれる、いわゆる「炎上」や、動画の著作権問題などが社会問題にもなるなど、ネガティブな側面も浮上しています。週末起業家といえども十分な注意が必要です。

†インターネットを味方につけよう

情報発信以外にも、インターネットの世界には便利なツールが登場しています。多くは、パソコンだけでなく、携帯電話でも利用できるのが当たり前になり、利便性が格段に高くなりました。

コミュニケーション

インターネットで会話する電話、スカイプの登場で環境が変わりました。これを使うと、通話料無料で世界中の人たちと対話が可能です。結果、週末起業で人気のあるコーチングやコンサルティングの可能性が大きく広がりました。日本中、世界中のお客さんを相手に、または海外から日本人に向けて、電話コーチングや電話コンサルティングをすることが可能になったからです。スカイプは、今ではビデオチャットも可能です。これを、iPhoneで使うこともできるようになるなど、利便性はますます向上しています。

広告

グーグルのアドワーズや、ヤフーのアドセンスなど、リスティング広告と呼ばれる成果報酬型広告が登場しました。そのため、週末起業をはじめとする小さな事業者や個人でも安価に自社の広告ができるようになりました。

安価な広告の登場は、小さな媒体の広告取得を可能にしました。これを活かしたビジネスとして、週末起業家の間でポータルサイトが人気業種になっています。特定の分野のサイトを立ち上げて、そこに広告を掲載して広告収入を得るのです。

もちろん、ポータルといっても「Yahoo!」「Google」のように総合的なものではありません。自分の趣味や専門分野を活かした専門性の高いものです。実際に週末起業家が挑戦している分野としては、たとえば「特定の地域」「交通事故防止」「フライフィッシングの道具」「片付け・収納」「料理のレシピ」「研修医になるための情報」「ダイエットや禁煙、禁酒」などがあります。

ビジネスの売買

サイトをゼロから立ち上げるのが面倒、苦手という方には、サイトを売買するサービスがあります。「サイトキャッチャー」や「サイトM&A」などです。これを使えば、出来合いのサイトが買えますので、ゼロからサイトを立ち上げ、中身を充実させ、アクセスを増やす努力をする必要がなくなります。また、サイトが作れる人にとっては、サイトを作って販売するというビジネスを可能にしました。

このように、さまざまなツールやサービスが普及し、週末起業がますますやりやすくなりました。こうしたサービスを使えば、週末起業の最大のネックである時間の制約を補うことができます。また、立ち上げの最大の障壁である「起業ネタ」に関してもこれらのツールを利用することで、ネタの選択肢が増えます。

サービスは、日進月歩で次から次へと登場しています。これからもどんどん増えていきます。興味をもち続け、味方につけることが何よりも大切です。

第5章

めざせ月商50万円!

†4割が悩む「ネタがない！」の事情

前著『週末起業』を書いてから、週末起業家のお手伝いをずっとしてきました。その間、週末起業フォーラムはNPOになり、たくさんの週末起業家が誕生しました。

当然、ノウハウも蓄積しました。ひとつの成功パターンも見えてきました。これらは前作『週末起業』では触れることができなかったことです。それを本章では紹介していきます。

まず、週末起業を思い立ってから、ビジネスの立ち上げまでに、早い方で半年くらいかかります。そのことは知っておいてください。その間、勉強したり、情報を集めたり、仲間を作って交流したりします。

その過程で、起業家としてのスキルや考え方を身につけ、人脈を築いていきます。その後、実際にビジネスを立ち上げ、軌道に乗せるまでは、最低でも2年くらいかかるのが普通です。

大切なことは、焦らないことです。もちろん、週末起業のスタートは早いにこしたことはありません。サラリーマン生活の危機はいつ訪れるかわからないからです。

ただ、思い立ったものの「なかなか始められない」「軌道に乗らない」からといって、あきらめないことです。やがて機が熟せば、あっという間にビジネスが誕生し、成長します。実際、長い間目立たないのに、ある日突然成功する人もたくさんいます。なかには、思い立ってから5年以上経過してから、ようやくやりたいことが定まって、それを軌道に乗せる人もいます。

一般に、しつこい人、やめない人ほど成功します。「やめてしまわない限り、失敗はない」という格言がありますが、週末起業に関しては、まさにその通りです。

本来、週末起業は、生活のために始めるものではありません。生活は、本業の給与で担保しているのが普通です。また、週末起業は会社の仕事のように、上司の指示や命令で始めるものでもありません。ベンチャー起業家のように、債権者や投資家のために始めるものでもありません。とりあえず、始めなくても失うものは何もありません。それで、ついのんびりしてしまうのです。

しかし、のんびりできることは大きなメリットともいえます。焦らず、気長に、じっくり取り組む余裕が大切です。

ポイントは、週末起業が当たり前の環境を作ることです。そのためには、週末起業を志す仲間を作ることです。それがなければ、志を維持し続けることは困難です。

†分野を絞る

週末起業を思い立ったら、まず最初に考えるべきことは、自分がどんな分野でビジネスをするかを決めることです。これが定まらないと前に進みません。もちろん、後で変更はできます。とにかく何かを決めないと進めません。

このように言うと「やりたいことがあるから起業するのではないのか」と疑問に思われるかもしれません。しかし、実情は違います。「とにかく何かを始めたい。でも何をやっていいか分からない」というのが普通です。

そして、たいていの人が起業を決意しながらも、何がしたいのか分からず悩みます。弊社独自のアンケート調査でも「週末起業をしたい」と思いながら、何もしていないという人は、多くがその理由として「自分がどんなビジネスをしたらいいかが分からない」と言っています。そして、大変残念なことに、多くの人がそのまま何もせずに週末起業をあきらめていきます。

だから「何をするか」を見つけることは、とても重要です。私たちもさまざまなツールを使ってアドバイスしています。

「何をやればいいか」が見つからないという人は「ビジネスになるかどうか」から入るために、かえって発想が広がらずにいます。「何かビジネスのネタがないか」と頭を抱えたり、書物を当たったり、成功事例をやたらと調べたりします。

しかし、ネタはどこかに転がっているものではありません。また、部屋にこもって頭を抱えているうちに出てくるものではありません。ある日突然、降って湧いたようにひらめくものでもありません。仮にひらめいたとしても、そのネタがビジネスとして、勝手に育っていくものでもありません。

普通は、なんとなく面白そうなものを試しにやってみて、うまくいったり、いかなかったりする過程で固めていくものです。そのなかで、ひとつずつ選択肢を狭めていき、試行錯誤しながら育てていくと、まともなもの、やりたいものだけが残っていくのです。

私も、同じでした。ある時、突然「週末起業」というアイデアが天から降ってきて、本を書いたらベストセラーになって、あとはとんとん拍子でビジネスが拡大していったように思われていますが、全然違います。

最初は、何をやっていいかわからず、異業種交流会と呼ばれる勉強会に参加したり、ビジネス書の読書会に参加したり、資格持ちの勉強会に参加したり、セミナーに参加したり、コンサルタントの学校に行ったり、コーチングの集まりに参加したり、起業を志すサラリーマンや学生の相談に乗ったりと、それこそ節操なく動き回っていました。そのうち、そこで知り合った人の仕事を手伝ったり、勉強会の講師を頼まれて引き受けたり、ということを始めました。

その過程でいろいろな人と知り合い、影響を受けたりしました。次第に「自分は、起業する人の応援をテーマにしたい」と思い至るようになりました。その思いは、いつしか「週末起業」を志す人の支援という、ユニークなビジネスに収斂していきました。それを形にするために、すでに他の分野にあった会員制のコンサルティングサービスなどを研究したりしました。そのなかで試行錯誤を繰り返し今の形に行きついたのです。

あなたも最初から深刻にならないことです。どうせ最初に始めたものを最後まで続ける確率は高くありません。この段階では、気軽に、好奇心をもって、節操なく、次々と何でもやってみることです。ネタの重要性を意識しつつも、最初から「これは、ビジネスになるか」を判断しようとしないことです。まず自分が興味のあることに関して情報を集めたり、情報発信をしたり、同じ興味や関心を持つ仲間を作ったりすることです。そのうち、ビジネスになりそうなものに出会うことができるはずです。

†起業ネタを見つける

ある程度、自分のやりたい分野が絞られてきたら、自分の考えをブログやメルマガ、SNSなどで情報を発信してみます。また、やってみたいことなどを書いた名刺などを作って、交流会などに出かけていきます。

すると、同じ趣味や志向の人が自分の周りに集まってきます。そういう人とメールやSNSで交流したり、ときには実際に会ってみたりします。こうして、いわゆる仲間を作ります。彼らと交流していると、いろいろなアイデアをもらったり、ひらめいたりします。ときには意見を求めます。そうこうするうちにネタを発想することができます。

ここで目指すのは、飲み友達の発掘でも、仲良しクラブの結成でもありません。興味をビジネスに発展させることです。もちろん最初は採算度外視です。この期間は投資と割り切り、ヒアリングと人材確保を目標にします。そして、集まった人から、ビジネスの意見をいただいたり、今後の展開について相談をしたりします。

集まってくださった仲間は、あなたの応援団です。将来ビジネスを始めたときに、運営スタッフやパートナーとして協力を仰ぐこともできます。たとえ協力が得られなくても、かなりの確率で商品を購入してくれるありがたいお客様、いわゆる見込客です。こうした仲間との交流のなかでネタになりそうなものを見つけていきます。

†最悪なのは「エア起業」

「これはネタになりそうだな」というものが見つかったら、試しにそれを形にしてみます。ネタをビジネスに仕立てていくわけです。まずは、自分の仲間に投げかけてみます。すると、何かしら反応があるものです。そういうなかで、比較的反応の良いものを形にしてみます。うまくいきそうなら、少しまじめに取り組んでみます。

この段階では、ひと通りやってみて、それから判断することが大切です。何事にも次々関心をもつ人のなかには、アイデアを出すばかりで何もしない人がいます。それでもやったつもりになって「こりゃ、だめだ」とやめてしまいます。何もやらずに「うまくいきそうもない」とか「自分には合わない」などと勝手に判断します。

私は、それを「エアギター」ならぬ「エア起業」と呼びます。エア起業は、態度としては最悪です。何も学びませんので、次につながりません。まずは、試しにやってみて、い

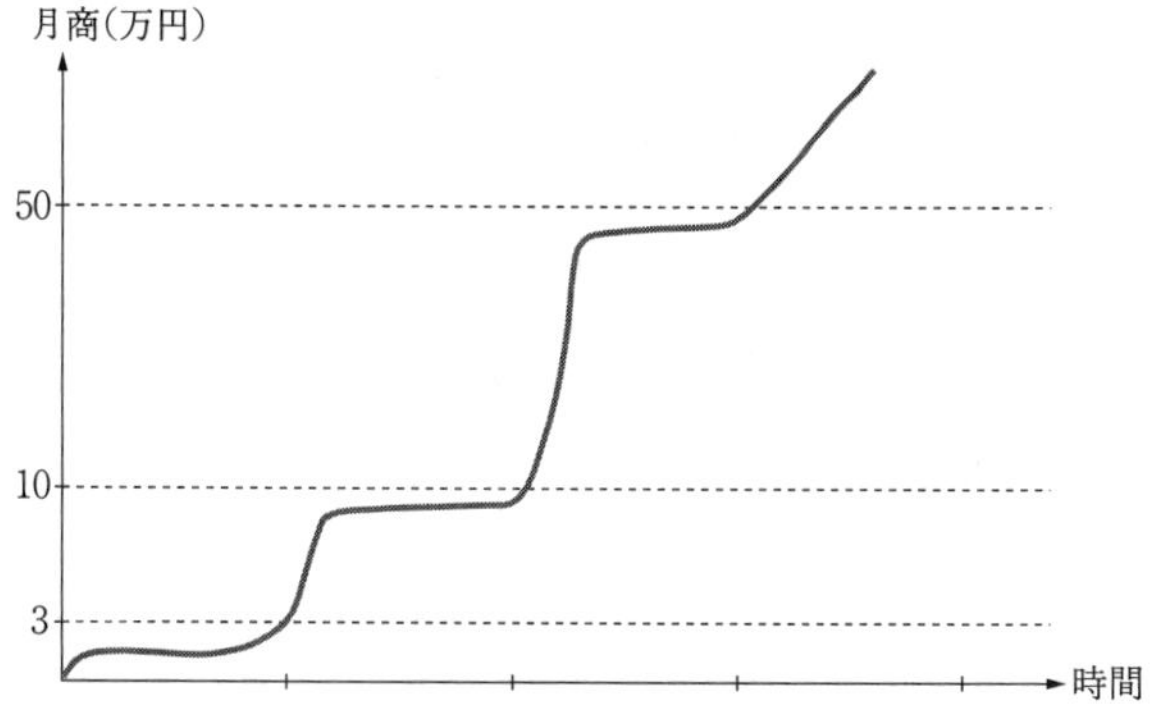

図2 時間と月商の関係

ろいろと試したうえで判断することが大切です。

3万円の壁

ネタを見つけて、うまくビジネスにできると当初は順調に進みます。また、方々から新しいアイデアや話がもらえます。これを一つひとつ実行に移すことで、面白いように売上が増えていきます。周囲からも羨望のまなざしで見られます。週末起業の楽しさを実感する時期です。

ところが、ビジネスを成長させる過程で、必ず壁に突き当たります。これは、グラフにするとよくわかります。横軸に時間、縦軸に月商をとってグラフを作ると、右肩上がりのまっすぐな直線にならないのです。階段のように段々に延びてきます。多くは3万円、10万円、50万円の手前でしばらく足踏みします（図2）。

この壁を一つひとつクリアしていくことで、ビジネスは成長していきます。壁を乗り越えるイメージです。壁を乗り越えるには、そこにいたるまでの成功パターンをいったん忘れる必要があります。助走をつけるために少し逆戻りすることもあるかも知れません。自分で自分を否定する必要があるのです。

企業は昆虫のように変態する生き物です。ビジネスを成長させたいなら、何回か脱皮する必要があります。やっている本人が、そこに至るまでの発想と行動パターンにこだわらず、考え方と動きを変えていくことが必要です。始める前は節操なく何でもやってみた人も「これは」というものが見つかったら、しばらく腰を据えてじっくり取り組むべきです。その間は、人の意見などに煩わされてはいけません。とにかく、白黒つくまでやってみます。

多くの人が、まず月3万円くらいのところで足踏みします。理由は、たとえば既存の仕組みを使っているからです。ネット副業の域を脱していないのです。たとえば、既存のブログサービスを使ってブログを書き、アフィリエイトを使って広告収入を得ているなどです。他に考えられる要因としては、まともな営業活動をしていないからです。勉強会をやっているなどというのもこのレベルです。

彼らは、自分のビジネスを作り上げていないのです。その最初の脱皮のタイミングが、月商3万円前後にあります。この壁を乗り越えれば、次の壁である月10万円くらいまでは、意外にあっさり成長できます。

では、3万円の壁を越えるために必要なことは何でしょうか？　まず、気持ちを切り替えることです。月商3万円以下の週末起業家は、交流会などで、やたらと謙遜します。二言目には「収入はありますが、おこづかい程度で……」などとおっしゃいます。

たしかに、サラリーマンのおこづかいの平均くらいですから、この表現にまちがいはありません。しかし、だからといって、謙遜する必要はありません。ほとんどの人が、週末起業を志しながら一銭も稼いでいないのです。まず「自分はかなりいい線いっている！」と自信をもつことです。少なくとも、週末起業を志す人たちのなかでも、一握りの勝ち組にいるという事実を、素直に受け入れることです。

週末バイトの平均が月3万円です。家計を支えるために就業後、居酒屋で働いたり、他の会社でデータ入力をしたり、スーパーで商品を棚卸ししたり、ガードマンをしたりという人たちです。彼らが待ち望んだ給料日に、ようやく手にする金額がこれくらいなのです。

それに対して、週末起業家は、好きなことを、自宅にいながら、自分の裁量でやって、しかもあわよくば青天井に成長するビジネスのネタをもちながら、同じくらい稼ぐ力があるのです。素晴らしいことだと思います。

†その楽しさがアダになる

週末起業は、実はこのくらいの時期がいちばん楽しい時期です。これまで会社の仕事と家庭サービス一辺倒で、人間関係も同僚と家族くらいだったのに、活動範囲がどんどん外に広がっていきます。

しかも、わずかながら収入も入ってきます。これまでは、給与口座に給与が振り込まれたら、あとは公共料金や住宅ローン、クレジット利用料などが引き落とされる一方でした。ところが、週末起業を始めると、いろいろなところからお金が入ってくるようになります。「自力でお金が稼げた！」これは、これまで給与所得しか収入源がなかった人にとって、新鮮な驚きであり、大いなる自信につながります。「週末起業で人生が変わりました！ありがとうございます！」そんな興奮気味のメールを送ってくださるのも、このステージにいる方々です。

しかし、この楽しさがアダになります。あまりに楽しくて、当初の志を忘れてしまうのです。「収入はそこそこでいい。それよりも大切なものを得た」などと自分を納得させてしまうのです。たしかに週末起業では、はじめから儲けようと思うとうまくいきません。しかし、それでも週末起業は、あくまでもビジネスです。ビジネスの目的は、利益の追求です。それなのに、おどろくほど利益に淡泊な人がいます。「収入など二の次です」という人です。「お金に執着がない」といえば聞こえがいいですが、厳しく言えば「甘い」のです。経営者として失格です。

私は、独立起業した方とのお付き合いが多いですが、彼らはみな稼ぐことに貪欲です。どんなに稼いでいても、もっと稼げるようにネタを探しまわっています。このような意識の違いを目の当たりにするにつけ、**生活が給与で担保されている週末起業家の甘えを感じます。**

もちろん、自分の人生ですから、どう過ごされようと自由です。しかし、利益を追求しなくなった時点で、それはもはや「業」ではなく「趣味」「道楽」です。本来、どんな活動であっても、利益をあげなければ、活動を継続することはできません。しかし、週末起業家は、コストを給与でまかなうことができます。生活費が担保されていますので「ただ働き」さえできます。

しかし、このような状態は「業」としては赤字です。赤字の事業は、退場するのがならいです。もちろん「お金がすべて」ではありませんが、活動に要するコストぐらい、自分の人件費も含めて、活動の売上でまかなうべきです。

そして、売上のなかから他の人に仕事を出し、利益を残して税金を払って社会に貢献します。これがビジネスです。週末起業をビジネスにするなら、こうした原則に従うべきです。

†サービスの利用者に甘んじていないか

週末起業をして、月3万円の壁を乗り越えられない人のなかには、ネット副業などで始めて、その利用者の立場にとどまっている人がいます。たとえば、次のような場合です。

・「まぐまぐ」「メルマ!」などの無料発行スタンドを利用してメルマガを発行、「ピュアクリック」などメルマガ広告の代理店から広告の供給を受け、広告収入を得ている。

・「ココログ」「ライブドア」「アメブロ」などを利用してブログを立ち上げ、「アドセンス」「アマゾンアソシエイトプログラム」「A8ネット」などのサービスを利用して広告収入を得ている。
・「もしも」などのドロップシッピングのサービスを利用して商材を販売している
・「ヤフーオークション」「ビッダーズ」などのオークションサイトを活用し、自宅の不要品などを販売している。
・「アマゾン・マーケットプレイス」を活用し、自分が読んだ本を販売している。
・地元で定期的に開催されるフリマに出店し、自宅にある不要品を販売している。

たしかに、これらのうちひとつでも実行すれば、月数万円程度の売上を上げることは、難しくありません。しかし、3万円の壁を突破するには、こうした既存のサービスの「ユーザー」オンリーの立場から脱皮しなければなりません。

なぜなら、**ユーザーとはお金を「使う」立場だからです。あなたがやらなければならないのは、お金を「稼ぐ」ことです。**チャンスは、サービスを利用することでなく、提供することから生まれます。ですから、売上を上げたければ、サービスの「利用者」でなく

「提供者」になるべきです。

†サービスの提供者になるには？

サービスの「提供者」になるには、創造性の発揮が必要です。といっても、それほど難しく考える必要はありません。ここで具体的なやり方を紹介します。

まず、必要なことは「オリジナル商材を開発すること」です。もちろん、全く新しい商材を開発するということではありません。他の人がやってきたことを真似るだけで十分です。

週末起業家は時間も、お金も限られています。まして、月に数万円の売上しかない段階では、商品開発に投じるお金を捻出することなどできません。このような制約下では、まず眠っている資産、すなわち、休眠資産に着目し、これを有効に活用することを考えます。

休眠資産とは、たとえばコンテンツのバックナンバーです。多くの週末起業家が、膨大な時間をかけてメルマガを発行したり、ブログやウェブを更新しています。ところが、苦労して作った原稿を、たった一度使っただけで、二度と活用していません。あまりにももったいない話です。

では、バックナンバーは、具体的にどのように活用することができるでしょうか？　たとえば、過去1年分の原稿をまとめて、バックナンバー集として有料で販売することはできないでしょうか？　断片的な情報を体系化してまとめれば、すでに公開されたものでも、新たな価値をもち始めます。

書いた順に時系列で提供してもいいですが、加筆修正を加えて編集し直しただけで、全く新しいコンテンツに生まれ変わります。たとえば、テーマ別、受け手のタイプ別、ニーズ別といった具合です。書き手本人であるあなたが編集すれば、それだけで価値が生まれます。

ただし、不正コピーをさけるために、PDF化をおすすめします。PDFなら製本・配送のコストを抑える効果もあります。

具体的には、ブログやメールマガジンをワードなどで編集し、PDFとして保存します。あとはメールマガジンなどで告知をし、入金を確認したらPDFをメールで送付すればいいのです。

かつて無料で配信していたものを有料化することに抵抗があるなら、媒体を工夫してみます。たとえば、メールマガジンのバックナンバーを、小冊子などの紙媒体に印刷して販売します。小冊子は、街の印刷屋に頼めば、小さなロットで安く作ってくれます。

さらに「初期投資を抑えたい」「在庫を抱えたくない」なら、「キンコーズ」などが提供するサービスがおすすめです。完全な原稿を入稿すれば、数時間で製本してくれます。1冊から受け付けてくれますので、受注してから製造すれば在庫ゼロ化が可能です。

また、テーマによっては音声化するのも効果的です。自分の書いた原稿を、自分で朗読してCD化し、販売するのです。これも、CDの代わりに音声ファイルを使えばコストはかかりません。

†セミナーや勉強会を開催する

メルマガの内容を整理すれば、セミナーを開催することができます。セミナーは1回3000円〜5000円と、単価が高めですから、月に1回程度の開催でも、現在の売上を大きく引き上げることができます。

ただし、週末起業家にとって注意すべきこととして、セミナーの開催には固定費がかかります。その問題を解消するために、多くの方が会場は公民館など公共スペースを使います。また、受付は家族に頼むなどでクリアしています。

また、開催時間に必ずその場所にいなければならないということもネックです。突然、出張や転勤を命じられる可能性があるのも週末起業家の泣き所です。

そこで、一度開催したセミナーは必ず撮影しておくことです。これをビデオやDVDなどとして販売すれば、リアルのセミナーを開催する必要はありません。ただし、撮影にはお金がかかります。そのリスクが高いと考えるなら、音声だけ録音してCDや音声ファイルとして販売するという方法があります。録音なら、自分ですることができますから手軽です。ある程度の固定費を払う余力がでてきたら、eラーニングという方法もあります。

†オフ会を開く

以上、休眠資産の活用方法として、バックナンバー資産の活用を中心に考えました。実は、もっと活用されていいのがメルマガの読者やブログの閲覧者、SNSのメンバーです。ぜひおすすめしたいのが、彼らに会ってみることです。その機会として最適なのがセミナーです。

しかし、ハードルが高いとお感じになる人も少なくないかもしれません。「人前で話すのはどうも苦手」という人がいるでしょうし、コンテンツを整理したり、テキストを作ったりするのが億劫という人もいるでしょう。会場使用料や人件費にコストがかかり、リスクを不安に思う人もいるかもしれません。

さらに「募集したものの、1人しか来なかったらどうしよう……」（参加者が1人なら中止にすればいいのですが）などと考えると、つい決断を先延ばしにしてしまいがちです。

このように「読者には会いたいが、セミナーはちょっと……」と考える人は、ぜひ気軽なオフ会から始めてみてください。オフ会なら、仮に参加人数が数名でも不自然ではありません。

もちろん、週末起業を志す皆さんが、オフ会で目指すのは、飲み友達の発掘でも、仲良しクラブの結成でもありません。ビジネスへの展開です。将来的に、セミナーにしたり、有料の勉強会に発展させたりといった目的や展望を明確にしたうえで集まりましょう。

†自分の空きスペースを商品化する

休眠化していて商品化できるものには、自分のメルマガやブログの空きスペースもあります。広告枠として活用できるのです。

広告を掲載してもらうにはたとえば、「ピュアクリック」などのメルマガ広告供給業者や、「A8ネット」などのアフィリエイト代理業者を利用します。こうしたサービスを利用すれば、煩雑な手続きも代行してもらえます。

しかし、その分、余計な手数料を取られています。そこで、代理店を介さずに、直接取引を求めてはいかがでしょう？　広告代理店を介さずに、クライアントと直接契約するのです。

必要なのが、自分の広告枠の商品化です。たとえば、メール広告なら「バナー広告」「PR版」など、広告のタイプを決め、次にそれぞれの文字数、掲載料を決めます。さらに、支払いサイト、入金方法などを決定し、それをウェブなどで公開します。最後にメルマガやブログ上で募集して申し込みを待ちます。

一般に、広告モデルはアクセスや読者数が少ないと成り立たないといわれています。しかし、ニッチなテーマなら、ニッチなクライアントを見つけることで十分に成り立たせることが可能です。

たとえば、文房具コンサルタントの方は、文房具店と直接契約をして、単なるアフィリエイトサービスのユーザーから、販売代行を行う代理店へと脱皮しました。

もちろん、いきなりこれまでの広告代理店との取引をやめてしまう必要はありません。

メルマガもブログも、飛行機の座席と同じで、空席のまま飛ばしても、1円にもなりません。自分の広告が入らないなら、割安でも代理店経由の広告を載せたほうがましなのです。

†仕入れに挑戦する

オークションやフリマをやっている人は、家の不用品を売ることから脱却し、仕入れてみることです。第3章で紹介したFさんは「家のクローゼットにあった古着を売りきっている段階から、仕入れて売るようになったことが、飛躍のきっかけだった」とおっしゃっています。といっても、いきなり卸売業者と交渉しても相手にされません。そこでまず、

・小売店でセール品を買う。
・オークションで他の出品者から買う。
・フリマで買う。

といった方法で、仕入れます。取引が大きくなれば、それに従って卸売業者と交渉して買い付けるなどの方法を検討すればいいのです。

オークションではありませんが、アマゾンのマーケットプレイスというサービスを使って、読み終わった本を販売、手軽に収入を得ている人が増えています。これを独自のビジネスに発展させることもできます。

具体的には、やはり仕入れです。街の古本屋やブックオフなどで仕入れることで、3万円の壁を突破できるようになります。さらに、アマゾンのマーケットプレイスだけでなく、ブログなど自前のサイトで売ること、関連商材を売ることなども売上をあげる上で有効です。

†いちばん手強い「1円の壁」

以上、週末起業を始めている人に、月商3万円を超えるための考え方と、アイデアを紹介しました。

それでも3万円を稼いでいる方は自信をもってください。実は、いちばん大きな壁が「1円の壁」だからです。アンケートでも、フォーラム会員のうち58%、半分以上の方がまだ1円も稼いでいないと答えています。今どき、月3万円くらいなら、ネット副業を始めれば、本当にカンタンに、誰にでも稼ぐことができる時代です。にもかかわらず、何も始めない人が半分以上いるのですから、その壁の大きさを痛感します。

まだ、自力で稼いだ経験をしていない人は、とにかく、どんな方法でもいいから、いちばん相性の良さそうなものをひとつ選んで、自力で1円を稼いでみてください。給与所得や資産運用以外の方法で、自分の口座にお金を入れてみてください。

かけ算と同じで、ゼロと1の違いは大違いです。1円が稼げるということは、お金を稼ぐ仕組みを手にしたことを意味します。あとはこの仕組みに、今回紹介したような工夫を凝らして、発展させていけばいいのです。

たまに「わずかな売上には興味がない。大きく稼ぐ仕組みを構築して、一挙に勝負したい」という人がいます。しかし、そういう人に限って、結局1円すら稼げずに終わります。本当に1億円を稼ぐ人は、最初の1円の価値がわかっている人です。

「まだ、何もしていない」という人は、とにかく、四の五の言わずに最初の1円を自力で稼いでください。反対に、この1円の壁を乗り越えてしまったという人は、これから立ちはだかる壁など、最初の「1円の壁」にくらべれば、たいしたことではありません。自信をもって、ガンガン乗り越え、どんどん稼いでください。

†月に100時間をあてられるか

すでに週末起業をしている方のうち、多くの人が月商3万円くらいのところで立ち止まっていることを指摘しました。そして、具体的対処のアイデアも紹介しました。

他にも、ビジネスを成長させる過程でいくつかの壁が立ちはだかります。経験則ですが月商10万円、次に50万円くらいのところに壁があることもご指摘しました。

壁が発生する理由は、段階ごとに週末起業家に求められる資質が加わってくるからです。それにいち早く気づき、いち早く対応できた人、つまり各段階で求められるやり方を実践した人、脱皮できた人だけが、壁を乗り越え、次のステージに進めます。

そこで、週末起業を成長させる過程で、段階ごとにどのような資質が求められ、どのように脱皮していけばいいのかを解説します。

週末起業を成長させるうえでとても重要な要素、それは時間です。時間は万人に共通に与えられた資源です。そして、ビジネスが成長すれば、それに従って仕事量は増え、時間も要するようになります。

ところが、週末起業家は、この時間に大きな制約があります。本業があるため、使える時間が少ないのです。

その限られた自分の時間をやりくりして、ビジネスの成長とともにどんどん必要になる時間を確保しつつビジネスを成長させていくことが、週末起業家の宿命なのです。

ところで、戦略を考えるうえで大切なのは、自分にどれだけの資源があるのかを把握してみることです。週末起業家にとって、時間が大切な資源ですが、そもそも週末起業家にはいったいどれくらいの時間があるのでしょう？　また、みなさんどれくらいの時間を週末起業にあてているのでしょう？

これはあくまでも感覚ですが、だいたい毎月100時間前後だと思います。平日2〜3時間程度と土・日のどちらかを週末起業にあてることで、月100時間程度を捻出している方が多いようです。

まずは、自分がどれくらいの時間を、週末起業にあてられるのか、またあてるつもりなのかを決めましょう。週末起業家の成長戦略は、これを前提条件に練らなければならないことを知っておいてください。

†かわいいお金に旅をさせろ

「月商3万円」の壁を突破し、毎月数万円の収入を得ている人は、弊社のアンケート調査でだいたい14％程度です。

この段階の人がしなければならないことは「投資」です。もちろん、ここでいう投資は「株式投資」や「不動産投資」ではありません。ビジネスを育てるために、お金を先行投資するということです。

水をやらなければ草花は育たないように、お金を投じなければビジネスは育ちません。起業家として成功するなら、投資ができなくてはいけません。

普通のサラリーマンは、投資の経験があまりありません。本業で経験済であっても、それはあくまでも会社のお金を使っています。失敗しても自分の懐が痛むわけではありません。

ところが、本来、ビジネスに対する投資は、自分が苦労して稼いだお金を、かえってくる確証の得られないまま手放すことを意味します。その勇気が持てるかどうかが、起業家として成功できるかどうかの明暗を分けます。

このように言うと、「週末起業では、お金をかけないのではないのか」と疑問に思われるでしょう。しかし、その真意は「お金を稼ぎもしないうちから、借金をしたり人から出資を受けたりするな」ということです。さらには「お金がないという理由で行動を先延ばしにするな」ということです。お金を全くかけなければ、ビジネスは育ちません。

一般に、週末起業で数万円の収入が入ってきたとき、そのお金をどう使うかには、いくつかのパターンがあります。

典型的なダメなパターンは二つあります。ひとつ目は、散財してしまうことです。収入が増えると、気が大きくなって、とたんに無駄遣いをしてしまう人がいます。同僚におごり始めたり、贅沢品に散財したりし始めます。

反対に、やたらとケチケチしてしまうのもダメなパターンです。「週末起業の収入は、本来はないものだ」などと自分に言い聞かせ、専用の口座に預けたまま絶対に手を付けようとしない人がいます。こういう人も失敗するパターンです。

もちろん「自分の金だ！　何をしようと勝手だ」という意見もあるでしょうし、それに対して異論はありません。ケチケチすることも、心がけとしては立派です。そのお金を生活防衛資金として蓄えておくことは、家計のリスク対策の観点からは有効です。

しかし、ビジネスを成長させるなら、利益の一部を再投資にまわすことです。かわいい子には旅をさせろと言いますが、同じようにかわいいお金も旅に出し、一まわりも二まわりも大きくなって帰ってくるのを待つ。そんな感覚を身につけることです。それができないと、ビジネスは育ちません。

また、お金を安全なところに置いておくと、のんべんだらりと商売をしてしまうおそれがあります。とくに週末起業にはその傾向があります。しかし、投資をすると状況は一変します。手元から離れたお金は、必死に取り返そうとするからです。この必死さが大きな推進力になるのです。

†広告宣伝でビジネスを育てる

では、具体的に何に投資をすればいいのでしょうか。月商10万円以下の週末起業家にとって最もおすすめしたい投資対象は、売上を上げるための投資です。

具体的には、広告宣伝です。といっても、それほど大きな投資はできません。ポイントはできるだけ小さな投資をたくさんすることです。できれば固定的な出費を避けることです。おすすめはおなじみの以下の広告です。

・アドワーズ広告　http://www.google.co.jp/ads/

・アフィリエイト広告　A8ネット　http://www.a8.net

月商3万円未満の小さな、小さな週末起業家にとっては、こうした広告は貴重な収入源です。しかし月商3万円の壁を越えた週末起業家は、広告主としてお金を払ってこうしたサービスを利用する立場になります。

やむを得ず、固定的広告に出稿する場合も、個人で運営しているメールマガジンやブログなど、できるだけコストのかからないものから、少しずつ試してみることです。

お金は大切です。よく考えて、むやみやたらと散財しないようにしましょう。広告宣伝にお金を使い始めると、月数万円などすぐに消えてしまいます。消えたお金が消えたままにならないように、投資効率を最大限に高める努力をしなければなりません。

私は、自分のメルマガに広告を載せていますので、広告の出稿者もたくさん見てきました。その経験のなかで感じるのは、出稿する側はとても慎重だということです。

たとえば、最初はいちばん安いバナーをひと枠だけ掲載してきます。こうして効果を調べるのです。そして、効果を確認したら少しずつ高額な枠を買うようにします。そして、効果があると知れば、効果がなくなるまで使い続けます。

このように、彼らは自分たちにとって優良な媒体を探し続けているのです。効果的な出稿をするには、このようなトライ&エラーが必要です。ときにはお金をドブに捨てる経験もしているはずです。私のメルマガも、商材によって反応率は大きく違います。こうしたトライ&エラーを繰り返すことができるのも、本業で収入が担保され、しかも安定的に数万円の副収入がある週末起業家の特権なのです。

†人脈に対する投資

もうひとつ、売上を上げるためにおすすめしたい投資対象があります。それは人脈に対する投資です。

実は、ビジネスを成長させるうえでいちばん大切なのは、人との出会いです。新しい出会いが新しいビジネスチャンスをもたらし、それが売上につながります。

週末起業フォーラムも、最初は単なるセミナーでした。当時は、私もサラリーマンで、セミナーをやって、希望者に相談会をやっているだけでした。

その活動のなかで、印刷物作成のノウハウを持つ方と出会いました。彼は会報誌が作れることがわかりました。さらにウェブ制作代行をする方と出会い、ホームページの構築をお願いできました。これが週末起業フォーラムの立ち上げを決断させました。フォーラム会員の相談に乗ってくださるコンサルタントの先生も、すべて出会いのなかでお願いしています。生涯学習のユーキャンとのタイアップ講座も、ある方からご担当者へのお引き合わせがあったからです。

こうした出会いの度に、週末起業フォーラムは飛躍的に成長してきました。その成長は右肩上がりのなだらかな伸びでなく、階段のように、ダン、ダン、ダンと段差を付けて伸びていく感じでした。

このような出会いを得るためには、部屋にこもっていたり、旧知の仲間とだけつき合っていたのではダメです。いろいろなところに積極的に顔を出す必要があります。

当然、お金もかかります。しかし、かけがいのあるお金です。そんな投資ができるのも、この段階まで来た方の特権です。ぜひ、ご自分をほめていただき、儲けの一部を、こうした出会いづくりに投じてください。

†「月商50万円の壁」突破法

継続的に再投資をすれば、すぐに「月商10万円の壁」など突破してしまうことでしょう。

弊社のアンケートによると、週末起業実践者の23％程度が毎月十数万円〜50万円未満の収入を得ています。

この段階にくると、とたんに時間不足に襲われます。そこで、今度は時間単価をあげる工夫をします。

月商10万円に満たない段階なら、幸か不幸か仕事量は多くありません。それほど忙しくありません。ところが、月商が10万円を超えてくると、急に時間不足を実感します。最初は「うれしい悲鳴！」などと喜んでいますが、それも長くは続きません。

この状態を、もし自分だけの努力、たとえば睡眠時間を削るとか、家族サービスの中断とか、残業をやめるとかで乗り越えようとすると、成長がパタリと止まってしまいます。だから、月商10万円を超えた時にしなければならないのは、時間単価を高めることです。私が週末起業時代に月商50万円に到達することができたのは、実は業種がコンサルタントだったというのが大きな要因です。

一般に、コンサルタントの時間単価は高くなります。たとえば、中小企業診断士の組織「中小企業診断協会」の規定では、経営診断指導報酬は、時給換算で2万2000円となっています。理由は、時間当たりの付加価値が高いからです。

もちろん「コンサルタントになれ」と言いたいわけではありません。時間単価をあげるために、自分のビジネスを見直してみましょうということです。

たとえば、生産性の低い仕事を他の人にやってもらうという方法があります。どんな仕事にも、生産性の高い仕事もあれば、低い仕事もあります。たとえば、オンラインショップの運営なら、梱包・配送作業や入金のチェックなどは付加価値の低い仕事です。自分でやるよりもお金を払って誰かにやっていただくのが得策です。

反対に、品揃えや広告の出来不出来が、売上に大きな影響を占めるなら、仕入れやコピーの考案は自分でやるべきです。

このように、生産性の低い仕事は人にお願いして、自分はより付加価値の高い仕事の比重を高めること、これが「月商10万円の壁」を突破した週末起業家に求められます。

†虎の子を人に払えるか?

ところで、時間単価を高めるには、人に対してお金を払う必要があります。しかし、他人にお金を払うことには抵抗を感じるはずです。自分が稼いだお金のなかから、他人にお金を払うのは、身を切られるほどつらいことです。苦労して稼いだお金を、アルバイトが平然ともっていくのを見るにつけ、腹立たしく感じるかもしれません。

会社で部下や後輩がいる人なら、なかには働きの悪い人もいると思います。その人を思い浮かべていただき、彼らの給料を、自分の財布の中から支払うことを想像してみてください。しかも、人に対する出費ですから、ビジネスが儲かろうがそうでなかろうが、絶対払わなければならないのです。

ビジネスを成長させたいなら、この体験は避けることはできません。自腹で給料を払う体験をしなければ、どこかで頭打ちになります。自腹で人を雇うようになると、人を見る目が養われます。自分のお金で払うのですから真剣になるのです。

私自身、週末起業時代から、いろいろなことを人にお願いしてきました。たとえば、セミナーの受付や資料作成、ウェブの更新や電話応対、メールのやりとりなどは、どんどん人に頼んでいきました。なかには、すぐれた人もいますし、ドタキャンするなどひどい人もいますし、自分とはどうしても考え方や相性が合わない人もいます。そうした人と付き合うことで人を見抜く目も養われていきます。

忙しくてメルマガやブログの更新ができずに、継続を断念する人がいます。もったいないことです。売上が上がっているなら、工夫次第で人に頼むこともできるのです。

†場所に対する投資が時間効率を高める

時間効率を高める上で有効なのが、場所に対する投資です。起業関連のノウハウ本などを見ていると、事務所への投資は贅沢の象徴のようにいわれています。しかし、場所への投資は、時間単価を高める上で非常に有効です。

まず、場所を借りると静かな環境が手にはいります。これが作業効率を高め、生産性を改善します。また、事務所を借りると、多くの人が、打合せのためにわざわざ出向いてくれます。これが、移動という生産性の低い時間を減らし、時間単価を改善します。

とはいえ、月商10万円程度を超えた程度では、事務所を借りるのは難しいでしょう。家賃の他に、いろいろな経費がかかるからです。

そこで、レンタルオフィスのようなサービスを利用します。レンタルオフィスは、秘書代行の機能を併せもったサービスが多く、うまく活用すればコピー取りから、アポ取り代行まで、いろいろやってくれます（もちろんすべて従量課金されますが……）。私の場合、ある時からボランティア団体の事務局に居候させてもらうことができました。

こうして、人や場所などに投資を行い、時間単価を高めることで、本業を続けながらでも、月商50万円くらいまではなんとかもっていくことができるはずです。

こうして時間単価を高める努力をしても、やがて頭打ちになります。それが月商50万円を超えたあたりです。

†「月商50万円」が限界か？

理由は、生産性を高める努力をしても、自分が主体となって働いている限り、時間あたりの収入はせいぜい5000円くらいが限界だからです。

前述のとおり、コンサルタントの報酬は比較的に高いですが、時間の切り売りであることには変わりがありません。企業からは高額な報酬をいただいていても、資料の準備や移動の時間などを含めて計算すると時間あたりの収入は5000円くらいです。

実働時間の上限が100時間で、時間あたりの収入の上限が5000円、これで毎月50万円くらいが収入の上限になってしまうのです。つまり、月商50万円までくると、時間の切り売り状態を改善しない限り、それ以上ビジネスが成長しなくなるのです。

はずかしながら、私は週末起業時代、月商50万円で売上が止まってしまいました。これを週末起業の限界と感じ、ここで会社を辞めてしまいました。

では、本当に月商50万円が「週末起業」のゴールなのかというと、そんなことはありません。今はそう断言できます。なぜなら、実際に月商50万円を超える週末起業家が少なからずいるからです。アンケートでも12％にも上ります。うち7％は、なんと100万円を超えています。

ところで、会社勤めをしながら、副収入を毎月50万円以上も得ている人は、どんな人だと思われますか？　寝る時間もなく働き、家族も放ったらかしで、悲壮感漂う仕事中毒者でしょうか？　または、本業の仕事には見切りを付けた人でしょうか？

違います。実際は、月商50万円を超えるような人は、はた目には結構ヒマそうに見える人です。ふらっと事務所に遊びに来たり、ほかの週末起業家の面倒をみたり、イベントなどにも積極的にやってくる人です。また、本業でも、仕事をバリバリこなす、いわゆるデキる人です。

反対に、二言目には「忙しい、忙しい」と嘆いている人や、会合やアポイントメントをスケジュールの都合で変更したり、ドタキャンする人は、むしろ月商数万～十数万円くらいの人に多いようです。いったいこの違いはどこから生まれるのでしょうか？

†「月商50万円」を超えて、なお伸ばすには

月商50万円を超える人たちの秘密は、週末起業家でありながら、ビジネスオーナーでもあることです。ビジネスオーナーとは、自分が働かなくても仕事が片づくビジネスシステムを完成させた人です。

具体的に、週末起業時代に月商50万円を超えた方の例を挙げると、たとえば結婚式の司会者派遣業、翻訳者の斡旋業、空港駐車場の紹介、バンドメンバーの紹介などです。

彼らのビジネスは、仲介などのいわゆるマッチングビジネスです。つまり、自分が手を下して仕事をするのでなく、その場にいなくても、チャリンチャリンとお金が入るビジネスです。

この種のビジネスの良いところは、いちど仕組みを構築してしまえば、あとは勝手に回る自動販売機のようなビジネスだということです。

もちろん、ビジネスオーナー化は、業種を問わずに進めることができます。たとえば物販であっても、最初はすべて自分でやりながら、できるところは少しずつ外注し、最後には自分が担当する仕事がなくなれば仕組みの完成です。

コンサルタントのような、典型的な時間の切り売り業種でも、仕事の一部を外注することは可能です。また自分の講演をビデオに撮って販売する、ノウハウをマニュアルにして販売する、報酬をクライアントの売上の一部から永続的にもらえるようにする、などができれば、やがて時間の切り売りから脱することができます。このようなことができれば、週末起業でも、月商50万円の壁を突破することは可能です。

「好きでやっているのだから、人に任せるなんてとんでもない」という意見もあるでしょう。もちろん、そういう人は、好きなことをやめる必要はありません。大事なことは、自分で選ぶことです。時間が足かせで、ビジネスが頭打ちになるようでは、継続的な成長はありえません。反対に、本業の仕事に支障が出るようではもっと問題です。自分はできる範囲のことを、やりたい範囲でやる。本業が忙しくなればそちらに専念する。それでも勝手に売上が上がっていく。これが週末起業の理想的な姿です。

つまるところ、この仕組みを構築できるかどうかが、時間という制約のなかでビジネスを成長させる宿命にある週末起業家が「成長を維持できるかどうか」を決めるのです。仕組みが完成し、それがうまく回るようになれば、月商は50万円を突破しあとはいくらでも伸ばすことができるはずです。

独立の壁、そして独立してからの壁

週末起業の月商が50万円も超えるようになると目指すは独立開業だと思います。始めた当初は「定年退職まで二足のわらじでいきます」という人も、週末起業で成功し、給与と同額の収入を得るようになると、たいてい独立開業を考えます。

そういう人が悩むのが、退職すなわち「独立開業の時期をいつにするか」です。具体的にそのタイミングをいつにするべきかを考えましょう。

ひとつの目安は、月収50万円です。サラリーマン家庭の平均世帯所得が、600万円前後だからです。しかし、所得は、年齢や職種、勤務地などによって個人差が大きくなります。そこで、同時に「退職によって得られる時間を使って、退職によって失った給与所得を稼げるかどうか」がひとつの判断基準です。

大事なことは、自分で判断の基準をもっておくことです。私の場合は、金銭的な目標とその期日を決めておきました。「**2年間で週末起業から得られる収入をフローで月50万円、ストックで300万円とする**」というものです。「フロー」というのは、週末起業のビジネスから毎月50万円の入金があるということ、「ストック」というのは、月50万円の収入から経費などを払った残りを貯め、合計300万円にするということです。

この意思決定は、最初の大きな決断になります。決断力を問われているのだと考えて、自分で責任をもって慎重に決めてください。

†先輩に訊け！

参考までに、週末起業時代を経て、すでに独立を果たした先輩たちは、何を転機に独立しているのでしょうか？

商社に勤めたのち、週末起業で営業コンサルタントを始め、ついに独立したY氏は、週末起業の収入が本業の収入を超えたことが転機でした。「あとは決断するだけだ……」と思うようになったそうです。

Y氏は、週末起業フォーラムの「コンサルタント養成講座」という教育プログラムでアクションプランを作り、仲間に発表するなかで「会社を辞めて独立します」と宣言しました。これで腹が決まりました。「この機会がなければ、正直決断できなかったかもしれない」と振り返っています。

セミナー会社に勤務の傍ら、セミナー講師をしていたM氏は、三つの理由をあげています。一つは「会社から自分が評価されていないと感じた」こと、二つ目は「家族との時間が取りづらかった」こと、そして三つ目が「お父様が亡くなった」ことでした。お父様の闘病生活を目の当たりにして、「やりたいことをやろう」と決意したといいます。

百貨店にお勤めで、週末起業で整理整頓のコンサルタントをされているAさんは、すでにいつ独立してもいいと思いながら、会社も去りがたく続けていました。しかし、会社が早期退職者の募集を始めたことがきっかけになったそうです。

出版社に勤務するKさんは「自分の力で稼げる人間になりたい」という思いが抑えきれなくなったそうです。きっかけは、会社からの「昇進の内示」でした。「昇進の内示」というメールに「退職の意思表示」のメールを返したそうです。役職がつけばそれに伴う責任もついてきます。このときに昇進を受け入れれば、一生決断できないと思ったそうです。それまでは「いつかは独立する」と決断を先延ばししていたが、そのときは即断できたそうです。

全員に共通するのは、ちょっとしたことがきっかけになっていることです。それは、週末起業で機が熟していたからだと思います。最後に背中を押してくれるものを求めていたのでしょう。Kさんが「きっと、退職するためのタイミングを求めていたのでしょうね」

と語っていましたが、他の方も同じだと思います。

†独立成功のポイント

ここで「独立成功のポイント」ということでまとめをさせていただきたいと思います。

週末起業を成功させる

週末起業でできないことが、会社を辞めればできるようになるということはありません。独立すれば、複数の事業を手掛けることなど当たり前です。まずは、今やっている週末起業を軌道に乗せてから会社を辞めてください。

人脈を増やす

独立したら、何よりも人脈が大切です。人脈を得るには、自らリスクをとってチャレンジすることです。リスクをとっているから、応援者やメンター（指導者）が現れます。そして、目先の利益を求めずに人を紹介したり、下請業者として、積極的に仕事を手伝うことです。

前出のYさんは、週末起業家同士の紹介や週末起業家の下請ライターの仕事をしました。彼は、多くの人がやらないことを進んでやることが、相手の信頼を得る近道だったと語っています。そのうち、顧客をパートナーにしたり、パートナーが顧客になったりということがでてきます。「人脈は身を助ける」ことは間違いありません。

事業を多角化しておく

ひとつの事業だけに依存していると、想定外の出来事で大打撃を被る可能性があります。異なる事業、顧客をバランスよく持っておくことが重要だと思います。Yさんも起業家のお手伝いを「起業支援」、フランチャイズ関連の業務を「新規事業支援」、そして企業の「マーケティング業務支援」や、営業マン研修を「営業支援」として展開しました。「新規事業支援」事業が、前職とのトラブルで無収入になったとき、「起業支援」事業をしていたことが、収入のリスクヘッジになりました。

起業家も成長する

週末起業を決意したら、自分の成長を意識してください。起業家の成長に応じてビジネスも成長していくからです。つまり、ビジネスを成長させるには、自分を成長させる必要があるのです。ステージごとに、起業家に求められる資質が異なります。

たとえば、最初はどんどん人に会い、とにかく試しにやってみる節操のなさが大切です。でも、いざ始めたら、今度はわき目も振らず、腹をくってやる粘り強さが大切です。また、最初はお金をかけずに始めることです。お金の扱いに慣れるためです。しかし、ある時期からお金を広告宣伝や人脈作り、仕組み作りに使う必要があります。そうすると、違う世界が見えてきます。

さらに、最初は自分のやりたいことを、やりたいようにできる週末起業ですが、ある時期からは、使命感や志を持って、自分よりも他の人の利益を優先させる心構えが必要です。最初から、必要な資質をすべて兼ね備えている人はいません。むしろ、ビジネスを成長させながら、少しずつ身につけていくことになります。

そう考えると、起業することはビジネススクールであり、人間道場の場です。これを、会社にいながら体験できるのが、週末起業という生き方なのです。

†どうしてもネタがないなら

ここまで、起業の決意から独立開業にいたるまで、ひと通り手順とポイントを説明してきました。

しかし、なかにはどうしてもネタ探しのところで足ぶみしてしまう人もいると思います。そういう人はいわゆるネット副業で始めてみてはいかがでしょうか。オークションやドロップシッピング、アフィリエイトと呼ばれる既存のサービスを利用してお金を稼ぐことです。

第2章の冒頭で申し上げた通り、本書では会社にいながら「ネット副業」することを週末起業に含めています。自分でビジネスを立ち上げるわけではありませんが、雇われるわけでもないからです。

すでに誰かが作ったしくみを利用しますので、誰にでも始められます。また、金額はともかく、少しくらいなら誰にでも稼げますし、工夫次第で月数万円から、数百万円まで稼げる可能性があります。さらに、将来的に週末起業に発展させることも可能です。

具体的には次のようなサービスがあります。

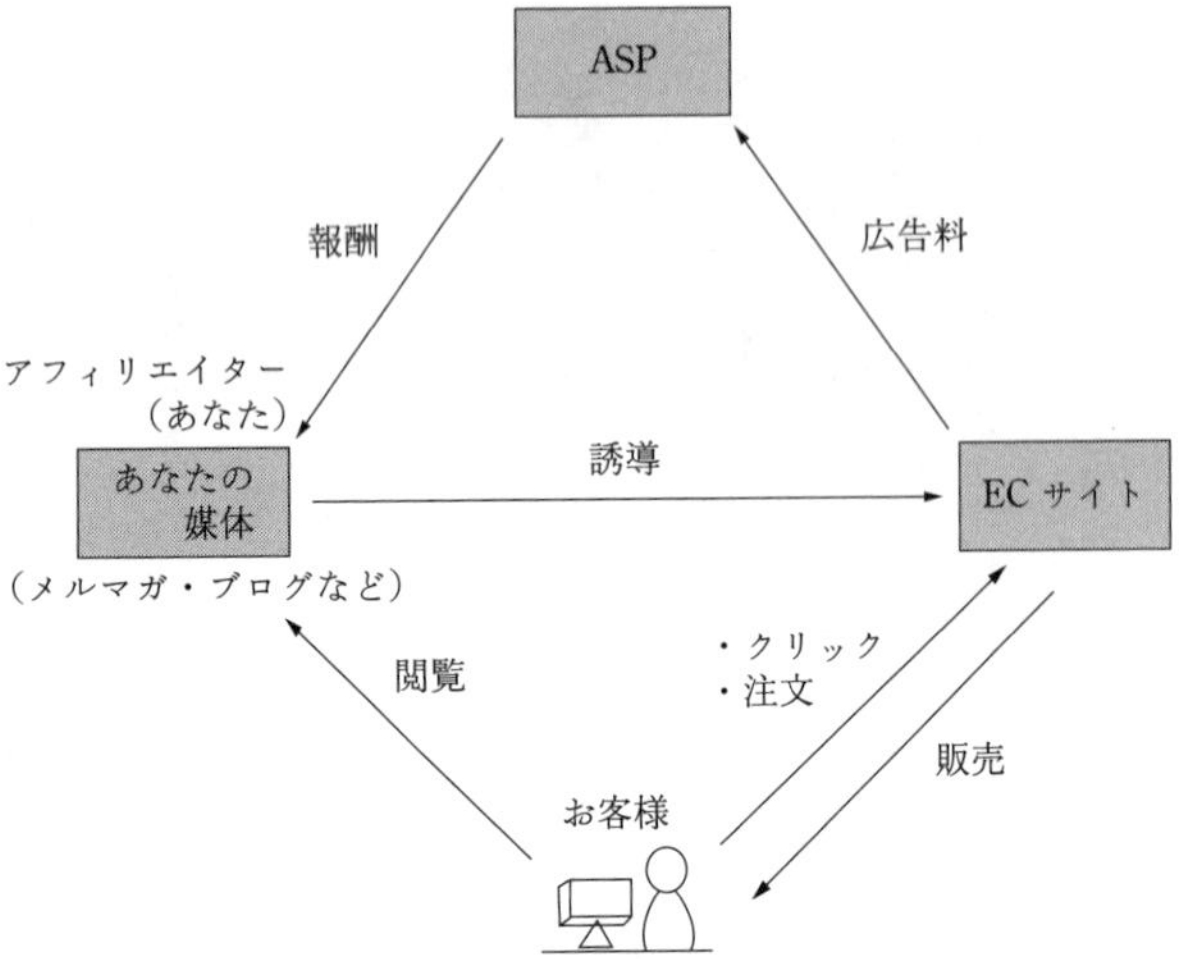

図3 アフィリエイトのしくみ

アフィリエイト

　自分のサイトに企業広告を掲載し、その広告の成果に応じて収入を得るビジネスです。報酬体系はユーザーが広告をクリックするたびに1件につき3円などの報酬が発生すタイプと、広告をクリックして買い物をした場合、買い物額の数パーセントが報酬として支払われるパターンがあります。また、資料請求や会員登録をさせることで報酬がもらえるというものもあります。

　メリットは、パソコンさえあれば初期投資なしにスタートできることです。ただし、収入は人によってばらつきがあります。月100円も稼げない人もいれば、100

万円以上の収入を得る人もいます。

始めるには、まず広告を掲載するための媒体、すなわちメルマガやブログなどをもつことが必要です。これからは、誰でも簡単に始められるブログで始めるのが良いと思います。次に「A8ネット」や「リンクシェア」といったアフィリエイトを扱う広告代理店、またはオンライン書店のアマゾンの「アソシエイト」、ネットショップの楽天市場の「楽天アフィリエイト」などに会員登録します。登録したら、そこから商品の広告を選んで、自分のブログに掲載します。

収入を上げるにはアクセス数をあげることが必須です。サイトのコンテンツを充実させる、自分のサイトの広告を打つなどの対策が必要です。ネット証券の広告など、投資に関連するものが人気がありますが、いちばん重要なのは、自分のテーマとの相性です。

ネットオークション

オークションサイトに商品を出品して販売することです。魅力は、家の不用品をお金に換えられることです。さらに、商品を仕入れて出品すれば、月10万円以上の収入が得られます。また出品作業が簡単なので、気軽に始められます。

オークションサイトは、いろいろありますが、まずは利用者が最も多いヤフオクで挑戦するのが無難です。手数料は安く、ヤフオクで月額使用料が346円、出品手数料が10・25円、落札手数料が落札金額の5・24％となっています（図4）。

原則としてなんでも出品できます。不用品から、古本、さらには不動産まで、ありとあらゆるものが売られています。ただし、売れ行きには差があります。ノベルティグッズやアニメ関連の希少品などコレクターズアイテム、ブランド品などが比較的高値で売れます。また株主優待券で手に入れたものや、海外旅行に行ったときに買ったものなどは希少品としてよく売れます。コツは、まず入札価格を低めに設定することです。欲張って高めにすると誰も入札してくれません。入札合戦で金額が上がることを期待します。

比較サイト「オークファン」で落札価格を検索できますので、それを目安に販売価格を決めるのもよいと思います。出品した商品を魅力的に見せる工夫も必要です。とくに重要なのが写真です。ここは妥協せず、納得いくまで何度も撮り直します。簡易スタジオ撮影キットが5000円前後で売っていますので利用するのも手です。

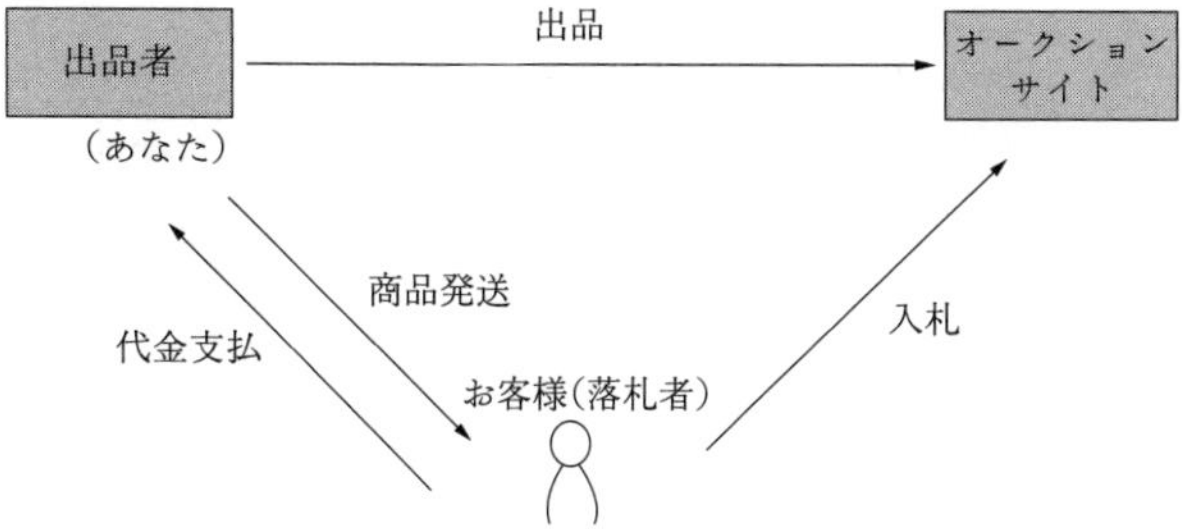

図4 ネットオークションのしくみ

オークションの一種です。ブックオフなどで調達した古本やCDなどをオークションやアマゾンの古書サイト「アマゾン・マーケットプレイス」で売ることです。「せどり」はもともと古本業界の用語で、ある書店で買った古本を、他の書店に持っていき、それより高い価格で引き取ってもらうことでした。最近は、インターネットを駆使して行う「ネットせどり」を指します。

「マーケットプレイス携帯サーチ」を使うと、その本がアマゾン・マーケットプレイスでいくらで売られているか相場がわかります。そこで相場を確認したうえで購入します。月数万円前後の儲けを出すことは簡単です。誰でも簡単に始められ、自分の興味を活かせ、失敗することが少ないため人気があります。コツは、美術書や医学書、古書、グラビアなど、稀少なものや高額なものを狙うことです。

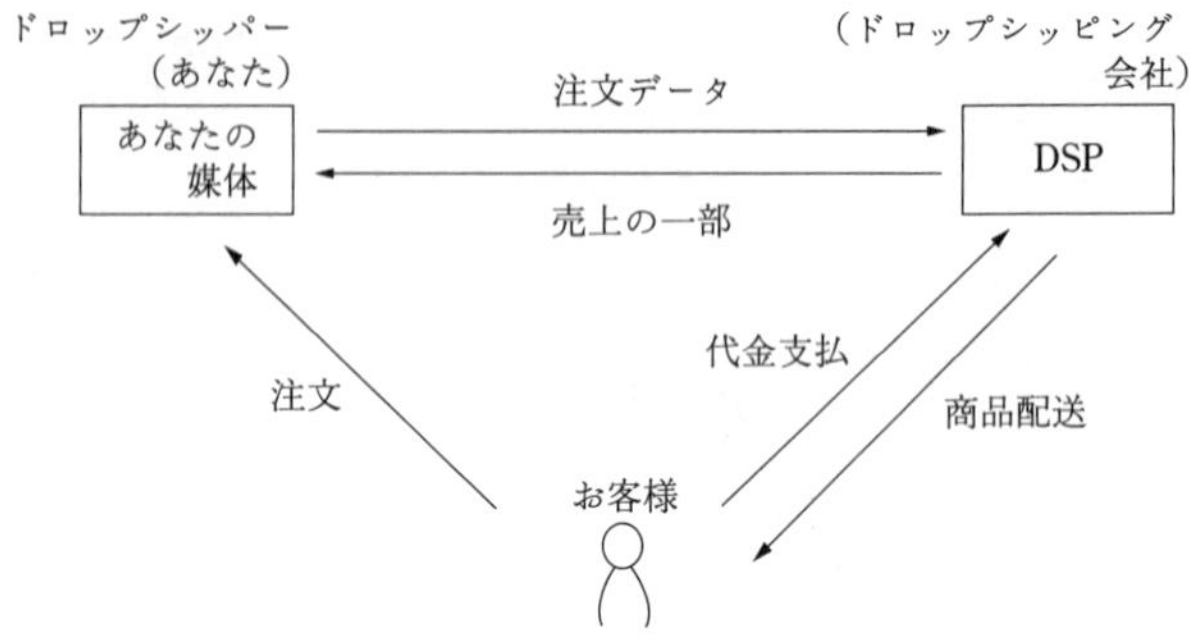

図5 ドロップシッピングのしくみ

ドロップシッピング

自分のサイトで商品を販売し、売れたら手数料を頂く仕組みです。アフィリエイトに似ていますが、こちらは商品を仕入れることになりますので、価格等は自由に設定できます。ただし、受注データを転送するだけで出荷は事業者が行ってくれるため、在庫をもつ必要はありません。1日につき2時間から3時間の作業で十分ですし、初期投資は不要です（図5）。

そんな手軽さもあって、実施している人は、ほとんど副業です。報酬は価格の20％で、平均すると4万〜6万円ということです。なかには報酬が月300万円以上という人もいます。

始めるには「ドロップシッピングサービスプロバイダ」とよばれる業者に登録することです。代表的なのが「もしも」です。初期費用、利用料金は無料です。

登録したら、彼らが取り扱う商品のなかから売れそうなものを仕入れて自分のサイトで販売します。

時期に応じて売れる商品が違いますので、商品を選ぶセンスが求められます。たとえば、インフルエンザが流行ったときにはマスクが飛ぶように売れました。ただし、同じ商品を、大手を含む他のサイトが販売しているケースが多いので、差別化が難しいという難点があります。

週末起業でそれを克服するなら、個性豊かなサイトを作り、自分自身を支持してもらうこと、あなた自身のファンになってもらうことです。使用感などをきめ細かくレポートして「あなたが、すすめるなら買ってみようか」という人が出てくれば売れます。

あとは、いち早く売れ筋を見極めて仕入れ、販売することです。テレビや雑誌を絶えずチェックして、紹介されたらライバルが現れる前にたくさん売ってしまいます。反対に、競合相手のいない、あえてニッチな分野を狙って商品を揃える方法もあります。

以上、いろいろ述べました。なお、ネット副業の世界の副業情報には、詐欺に近いものがたくさんあります。最近は、消費者の警戒心が高まったために、国民生活センターに届けられる副業がらみのトラブルは減少しているようですが、その分、手口は巧妙化しています。

よくあるのが、「トレーニングを受けて検定試験に合格すれば、優先的に仕事を回すから、トレーニング受講費用を支払え」というものです。しかし、単に教材を買わせるだけというだけで仕事が回されることはありません。「仕事をあっせんする」という口実で先にお金を払わせるのは、まず怪しいと思って間違いありません。

「必ず儲かります」「あなただけに紹介します」というのもたいていインチキです。一度、資料請求すると、カモリストに掲載されてしまいます。そうなると、その名簿が売買され、広範囲から怪しい話が集まってきます。

詐欺の被害を避けるなら、そうそううまい話はないことを知ることです。そして、騙されたと思ったらクーリングオフするとか、購入するなら、やりとりを書面で残しておくなどを心がけることです。

第 6 章

トラブル回避のための法律講座

†税金リテラシーを高めよ

週末起業では、税務の基礎知識も最低限押さえておくべきです。会社勤めの方は、納税を会社が代行してくれるために一般に税に対する関心が低く、知識がないからです。知識がないばかりに、余計な税金を払ったり、知らずに脱税したりする人が現れるのです。

週末起業するかどうかは別として、税金について無関心なのは問題です。実は、**税金に疎いのは、世界中で日本のサラリーマンくらい**です。税制の実態を知らないから、不公平な税負担をサラリーマンが強いられていることにさえ気がつかないのです。

サラリーマンが、豊かになれない理由のひとつは、間違いなく税の不平等があるからです。日本の税体系のなかではサラリーマンは著しく虐げられた存在になっています。また、国がサラリーマンに不利になるような税制の改正ばかりをするのは、ひとつにはサラリーマンは税金を取られても文句を言わないからです。

日本では、会社が税務署の出先機関となって徴税代行をする源泉徴収の仕組みが広くいきわたっています。これがサラリーマンの納税意識を著しく損なっています。

反対に、経営者は税金についてよく知っています。「経営とは税金の勉強である」と勘違いしている人もいるくらいです。理由は、勉強すれば節税できるからです。それが勉強のインセンティブになっています。その知識の格差が、圧倒的な力の差になっています。

だから、本当はサラリーマンも税についての知識を高め、恩恵を受けられるようにするべきです。そのためには、他国同様に、サラリーマンも確定申告をする必要があります。しかし、それには制度の改正が必要です。しかし、税務署は絶対に現行の便利な制度を変えようとしないと思います。

税制が改革される可能性が低いなら、せめてご自身だけは確定申告を行い、税について詳しくなっておくべきでしょう。まずは週末起業をして、節税の恩恵を受けることです。

たとえば、家で週末起業をして、自宅の書斎を事務所にすれば、家賃の一部は経費になります。机も、コンピュータも、ソフトも、インターネットの費用も、週末起業に使う限りは経費になります。近所のアパートを事務所として借りれば、その家賃も認めてもらえます。クルマも仕事に使用した分は経費です。つまり、かかった費用や、スキル取得のための自己投資コストは、すべて経費として申告できるのです。そうなれば、自然に納税意識が高まり、税の知識も身につきます。

納税するには、帳簿をつける必要があります。これは、会計の勉強にもなります。いくら会計の本を読んでも頭に入りませんが、自分のビジネスで経験すれば、すぐに理解できるはずです。そうすることで、何より経営のセンスが磨かれます。

開業届を出す必要はあるか？

これから週末起業を始める人にとって、まず気になるのは「週末起業を始めるときに、どこかに届け出をする必要があるのか」ということではないでしょうか。

本来であれば、税務署に開業届を出す必要があります。ところが、サラリーマンの場合、なかなか受理されません。なぜなら、これを悪用する人がいるからです。だから、前著『週末起業』では、「まずは届出を出さずに始め、所得が年間20万円を超えたら、そこで開業届を提出し確定申告して納税する」ことをおすすめしました。

悪用する人の具体的な手口は「**損益通算**」を使います。確定申告では、すべての所得を合算して税額を決定します。会社にいながら事業をすれば、会社からの「給与所得」と事業からの「事業所得」とが合算されて計算されます。それを悪用して、わざと儲からない事業を立ち上げて赤字を作り、確定申告することで、サラリーマンとして収めた所得税と住民税の還付を受けるという手口です。

煽るような本も出ました。サラリーマンでありながら、40年近く所得税も住民税も払っていないという著者が、そのやり方を公開したものです。著者は、イラスト販売を事業として立ち上げたそうです。そこで年間50万円程度の売上をあげ、次いでその売上から必要経費を除きます。自宅の家賃の一部や光熱費、通信費を必要経費として計上すると50万円を超えます。これを売上の50万円からマイナスすると、事業所得が赤字になります。

確定申告では、すべての所得を合算して税額を決定しますから、会社からの「給与所得」と事業からの「事業所得」とが合算されて計算されます。ここでマイナスが出れば、その分会社が源泉徴収した税金を取り戻せるというわけです。

つまり、このやり方は、収入を増やす方法でなく、税という支出を減らすことで所得を増やすことを目的にしています。いわば、税逃れであり、節約術のレベルの話です。

†さもしい？　無税の人

こんなノウハウを使う人がいるとは残念ですし、それ以上に賢くないとも思います。なぜなら、このやり方では、たいした稼ぎが期待できないからです。

「給料は増やせないから、食事のグレードを落とし、電気代や光熱費を節約しましょう。

そうすれば、収入は今のままでも取り分は多少増えますよ」というレベルの話です。「税金を取られないように稼がないようにしましょう」という本末転倒な話です。

こういう発想をする人は、そもそも起業家ではありません。起業家は、成長欲求の強い人です。支出を増やして、それ以上の売上、そして収入を得ようとする人です。収入を増やすことは「世の中のお役に立つ」ということです。お役に立った結果が売上であり、利益だからです。つまり、売上を増やすことは、それだけ世の中のお役に立つのです。

いくら支出を減らしても、成長することにはなりませんし、人のお役に立つこともありません。「役立ってお金をいただき、その一部を税金で還元する」ことを目指す起業家の発想とは真逆です。

そもそも、わざと儲からない事業をやるくらいなら、収入を増やすことを考えたほうが賢いと思います。そのほうが、よほど豊かな人生が送れますし、売上や収入は青天井です。気持ちも前向きですし、頑張れます。周囲にも胸を張れますし、良い影響を与えることができます。家族にも胸を張って説明できます。

「世間様に引け目を感じながら、何十年も生きる人生は嫌だ」と考えるなら、知恵を使って、創意工夫して大きく稼ぎ、気前よく税金を払うほうが精神衛生上はずっといいと思います。

そもそも、事業で赤字を出すことは、損をしていることです。「わざと成長しない、わざと赤字を出す」という心理的な影響も心配です。人間、天井を設けると、なかなかそれを突き破れないものです。

ここで紹介されるやり方にはリスクもあります。もしも税務調査が入って経費を厳しく査定されたら、無税にならないかもしれないからです。税務署が副業を「雑所得」と判断すれば給与所得の黒字との損益通算ができなくなります。だから「イラスト販売は、あくまでも事業だ」と主張しなければなりません。税務署が、これを事業と認めてくれることにかけるしかありません。

もし、租税回避と認定されれば、過去にさかのぼって修正申告が必要です。著者はたまたまうまくいきましたが、この本と同じことをやっても、必ず税金が無税になる保証はないのです。

それ以前に、こういう人のために、真面目に週末起業をしようと考える人が、開業届を受理されなくなってしまうことは困ったことです。

†サラリーマン法人のすすめ

「節税を考えるくらいなら、サラリーマンでありながら法人を作って、勤務先から今の仕事を業務委託してもらうほうが合理的」という考え方もあります。サラリーマンの節税策の決定版として、思い出したように提案されるやり方です。私も『週末起業チュートリアル』で「辞める人は、ダメもとで提案してみたら」とすすめました。

「サラリーマン法人」とは、会社と雇用契約でなく、業務委託契約を結ぶことです。たとえば、局アナがフリーになっても同じ番組を担当しつづけ、表向きは分からないケースがありますが、このケースが業務委託にあたります。フルタイムで職場に出かけ、仕事自体は従来通りですから、表向きはなんら変わりません。

普通のサラリーマンは会社に雇用されて労働を提供して賃金を得ます。それに対して、「サラリーマン法人」は、社員が事業会社を作り、勤務先と雇用契約を解消し、そのうえで、あらためて業務を委託します。会社から支払われる給与は、業務委託費になります。

こうなると、もはや社員ではありませんので就業規則の適用外です。よって副業禁止規定は関係なく、他の会社の仕事も自由にできます。また、日常的に発生する費用を必要経費で落とせます。経費は、給与所得控除のように金額の制限がありませんので有利です。法人を作ったら、会社と交渉して給料と同額以上の委託費をもらいます。そして経費を積み上げます。その結果、自分の法人が赤字になれば、税金が減り、結果的に手取りが大幅に増えるというわけです。

もし、家族にも仕事を手伝わせれば、彼らにも給与が支払えます。これも節税になります。もちろん、業務以外の出費を経費として申請すれば脱税です。しかし、自宅を事務所にして、家賃や水道光熱費の一部を経費にするとか、家の車で視察や営業をして経費の一部を必要経費にするとか、海外旅行で視察を兼ねて、視察に要した部分について経費にするなど、合法的に認められる経費は少なくありません。

勤めている会社にもメリットがあります。負担していた健康保険料や、厚生年金保険料などの社会保険費と退職金など、従業員の社会保障に対する経費が本人負担になるからです。コスト削減となり、理論上は一石二鳥です。だから、交渉の余地はあるのです。

ただ、いくら会社にメリットがあっても、そのメリットを会社に理解させるのは難しいと思います。大企業にとって、たった一人の社員の社会保険料が浮くからといって、例外を認めるとは思えないからです。人余りの時代に、そんなわがままを言う社員は、むしろこれを機会にリストラの対象にされるかもしれません。

†独立する人が「ダメもと」でやる作戦

このような理由から、「サラリーマン法人」は週末起業を軌道に乗せ、独立を決意した人が、固定収入を維持するために「ダメもと」で提案してみるべきものです。実際、そうして会社を説得して、サラリーマン法人になった人も少なくありません。

しかし、その場合でも過度の期待は禁物です。現実は厳しいからです。たとえば、営業コンサルタントとして独立した方は、業務委託をあてにして独立しましたが、結局その約束を反故にせざるを得なくなりました。

彼は「いきなり辞めるのは危険」と考え、前職の仕事を業務委託という形で請けました。ところが、いざ辞めてみると、前職の同僚の何人かが、手の平を返したように冷たく当たってきました。彼は、会社が嫌で辞めたわけではないので、引き続きパートナーとして関わっていくことを希望していましたが、残った社員の何名かは「あなたは外部の人だから、契約以上のことをされるのは困る」と彼の仕事に協力をしてくれなかったそうです。彼は責任感がつよく、「自分が辞めた結果、会社の業績が下がるようなことがあってはいけない」と考えて懸命に努力したのですが、その態度や発言が残された社員たちの癇に障ったようで、いろいろな意地悪をされました。結局、「これでは仕事が続けられない」と身を引かざるを得なくなりました。

お客様は好意的でしたので、「額は少なくてもいいから、業務を直接受託したい」と申し入れましたが、こちらも「取引先を裏切れない」「個人との契約はできない」などと言われ、ご破算になりました。こうして、当てにしていた固定収入がなくなり、大誤算になりました。

このように、会社と約束して辞めても、あとで手の平を返すように態度を変えられるケースは少なくありません。とくに、会社とは円満でも、現場の人間からの反感が大きいケースは少なくないようです。どんなに円満に辞めても、辞めた人間は、辞めた瞬間「会社を捨てた人間」として見られます。当然、嫉妬ややっかみもあります。やむをえません。

もっと悪質なケースもあります。会社が従業員に業務委託契約をもちかけて、雇用契約を外し、あとで業務委託費をカットして実質的な給与カットをしたり、業務委託契約を打ち切ることで実質的なリストラをしたりするケースです。

もちろん、うまくいくケースもたくさんあります。ただ、あてにしすぎると裏切られたとき、ダメージが大きくなります。ご注意ください。

†時代おくれの「法人4兄弟」

拙著『週末起業』では、週末起業の立ち上げは法人化不要としたうえで、もし法人化する必要に迫られたら、おすすめの法人形態として「合資会社」「NPO法人」「米国法人」「確認会社」の4つがあると紹介しました。しかし、2006年5月1日の会社法改正以降、事情が変わりました。

4つの法人の共通点は、最低資本金が必要ない法人です。当時は、会社を登記するには、有限会社で300万円、株式会社で1000万円が必要でした。その点、これら4法人には最低資本金の規定がありませんでした。

現在は、株式会社を作る際にも最低資本金の制限はありません。そのため、資本金1円で会社を登記することができます。ただ、登記には印紙代などが必要ですので、ご注意ください。

最低資本金がなくなったために、会社を設立してビジネスを始める人が増えたかというと、そんなことはありません。理由は、週末起業家にとって、法人化のメリットがますますなくなったからです。

当時は、会社を作ることがひとつのゴールになっていました。それだけハードルが高かったためです。ハードルが高い分、それをクリアした会社には信用があったのです。

ところが、簡単に作れるようになった結果、それだけでは信用ができなくなりました。今では、複数の株式会社の代表を務めるケースはいくらでもあります。その結果、法人化はゴールにならなくなりました。

設立のメリットがあるとしたら節税です。法人を設立して、自分に給与を支払えば、給与所得控除分を課税対象から控除することができます。ご家族を社員にすれば、そちらにも給与を支払うことができ、さらに控除が受けられます。反面、決算書を作り、毎年申告しなければならないので、その分の手間は増えます。法人住民税も必要です。

あとは、財布が別々にできることです。家計との違いが明確になります。自分とは人格が別になりますので、気持ちのうえで境界がはっきりします。

他に法人を作る理由は、取引先から法人化を要望されるからです。会社が個人と取引すると、何かと手続きが面倒です。また、個人が税金をきちんと処理していない場合、取引先の法人に火の粉が飛んでくる場合があります。だから、法人化してほしいと頼まれるのです。いずれにしろ、法人化は、今ではゴールにはなりません。儲かったら考える、頼まれたら考える、それで十分だと思います。

†気になる本業との関係

週末起業を始めるうえで、気になるのは、やはりお勤めの会社との関係ではないでしょうか。

週末起業にはリスクがほとんどありません。あるとしたら本業への悪影響です。週末起業をしていることが就業規則違反となって、ペナルティとして、また忠誠心を疑われて、評価が下がるとか、給与が減るとか、本業を失うとかです。

とくに、就業規則には注意が必要です。多くの会社が、就業規則のなかで副業禁止、あるいは兼業禁止をうたっているからです。独立行政法人労働政策研究・研修機構が2004年に行った調査によると84%の会社が何かしらの形で副業を禁止しています。

また、副業規制に違反した場合の処分は、むしろ厳格化しています。「懲戒解雇を含む解雇」という会社が43・7%、「降格・降職」15・1%、「譴責（始末書を取る）」33・5%などとなっています。

ところで、週末起業は副業禁止の規定に抵触するのでしょうか？　副業規定の多くは、「他の会社に雇われてはいけない。他の会社から給与をもらって働いてはいけない」としています。しかし、自分でビジネスを興すことは規定していないことが多いのです。週末起業は誰かに雇われるわけではありませんし、給与をもらうわけではありません。それを考えると、厳密には就業規則に抵触するとはいえないでしょう。

ただ、この主張は、実際には詭弁と取られる場合もあります。ですから、ここでは万全を期する意味で、週末起業も就業規則でいうところの副業にあたると考えて、防衛策を考えておきたいと思います。

†就業規則の法的妥当性

企業は、就業規則で副業を制限する規定を設けていますが、そもそもこの判断は合法なのでしょうか？

残念ながら、合法です。民間会社の社員の場合は、この点は各会社の判断に委ねられています。そのため、会社は就業規則のなかで副業を自由、許可・届出制、厳禁と自由に設定できます。

違反した場合の処分も企業に委ねられています。場合によっては、解雇することも可能です。つまり、会社に無断で副業をやって露見した場合、最悪の場合は、懲戒解雇となります。そうなれば退職金すら支給されません。

ただし、学説・判例は、就業規則の効力を限定的にとらえています。そのため、会社は「従業員が副業規制に違反した」という判断が、簡単にはできないのです。ポイントは、会社に迷惑をかけたかどうかです。「従業員が規定に違反した」と主張するには、たとえば「会社の秩序を乱したこと」そして「会社の仕事に大きな支障をきたしたこと」が、必要だと考えられています。この考え方は、判例でも踏襲されています。

具体的には、従業員が次の要件を満たした場合、会社に迷惑をかけたと判断されます。

・本業の仕事の遂行に支障が生じている。
・会社の経営秩序を害する。
・会社の対外信用・体面を傷つける。
・同業の他社で働く。
・競業する（同業種の会社を立ち上げる）。

※「競業避止義務」は退職後でも数年間は課される

もちろん、たとえ就業規則違反と判断されても、それだけでいきなり解雇することはできません。裁判では、解雇が有効になる要件として、以下を組み合わせて判断しています。

・金額は？（家計の補助程度？）
・時間は？（アルバイト？）
・現実に支障をきたした事実（居眠り、残業拒否）
・注意を受けたか？
・競業会社への就職か？

本業への悪影響を上司に指摘されるなど、中止されたにもかかわらず副業を続けると悪質と判断され、解雇される可能性があります。副業をやめるように言われたら、真摯に対応することです。会社にとっても裁判はリスクが大きく、避けたいところです。

なお、公務員の場合はこの限りではありません。国家公務員の場合「国家公務員法」（104条）で、地方公務員の場合は「地方公務員法」（38条）で規定されているからです。つまり、公務員の無断アルバイトは、それだけで違法行為になるのです。

†非正社員は副業しやすい

非正社員については、正社員に比べて規制が格段に緩やかなところが多いようです。前出の調査によると、非正社員について副業を禁止していないとする企業は、所定労働時間が正社員とほぼ同程度の場合で50・8％、所定労働時間が短い場合で63・2％と、正社員に比べて規制が格段に緩やかです。

規制の方式も、就業規則でなく、会社の慣行や内規・通達によるとするところが多くなっています。理由は、就業規則の規定は、非正規社員に適用されないことが普通だからです。

†許可を得て回避する

まずは就業規則をよく読むことです。前出の通り、現状では84％の会社が就業規則で副業、または兼業になんらかの制限を設けています。この数字は、『週末起業』を出版した頃よりもむしろ厳しくなりました。

ただ、運用は、かなり緩やかになっています。就業規則の変更まではしないが、個別に相談されれば、かなり理解を示すようになっているようです。

多いのが、本業に影響がない範囲で許しているケースです。その場合は、事前に許可を得ておけば、就業規則は回避できます。

許可をとる場合の秘訣としては、他の社員への影響がないことを強調することです。

会社が気にするのは、他の従業員への影響です。たとえば、まじめにやっている人間のやる気が損われることを会社は最も懸念します。この点は、統計でも証明されています。前出の調査によると、正社員の副業を規制している企業に、その理由を聞いたところ「企業秩序を乱すから」が40・9%でした。

職場では絶対に言わないということは約束するべきです。

他に、許可を得るうえで、大切なことは以下のような点です。
・お金が目的でない、スキルアップが目的だから本業にも生きる。

・永続的でない、あくまでも暫定的なもの。
・自分が主体者でない。

これを考えると、許可を得るうえでは、今の仕事と、自分がやりたいこととの兼ね合いで、許可が得やすいものと得にくいものがあるといえます。たとえば、いわゆる事務系の仕事人が、

・専門知識を活かして書籍を執筆、講演する。
・家族のネットビジネスを技術面で手伝う。

などは、許可される可能性が高いといえます。反対に、

・健康食品などの代理店をやる。
・飲食店を開業する。

というのは、許可されない可能性が高いといえます。

ただ、いきなり申請を行うと却下される可能性があります。いちど却下されてしまった場合、それを無視して事実が露見すれば、懲戒解雇の対象です。ですから、申請する前に、まず過去の事例を調べて、許可される可能性をチェックするべきです。

「会社に言ってしまって、評価が下がらないでしょうか？」などの質問をよくいただきます。

これに対しては「わかりません」としか言いようがありません。会社の社風にもよりますし、あなたと会社、あなたと上司との関係にもよります。

普通に考えれば、評価は下がると思います。「その程度の人材」と見られてしまうことを覚悟しなければならないでしょう。また、職場で浮く覚悟、いざとなったら真っ先に首を切られる覚悟もしなければならないかもしれません。上司が変わったとたん、次の上司が全く理解を示さない場合もあります。

†会社に黙ってやる

いろいろ考えると、まずは許可を得ないで始め、軌道に乗ってきて隠しおおせなくなったら、その時点で話すのが無難かもしれません。これまで取り組んできた方の多くが、そうしています。あくまでも一般論としてお話しすると、これまで「内緒でやっていてばれた」という例は、ほとんど聞きません。

会社に黙ってやるなら、ばれないように気をつけることです。この場合、多くの週末起業家は、納税することで会社にばれるのではないかとか、法人登記をしたらばれるのではないかなどと心配します。また人事部や上司に知られることを恐れる方が多いです。しかし、むしろ同僚にこそ配慮するべきです。副業に気がつくのは、たいていは同僚です。上司の目はごまかせても、同僚の目はごまかせないものです。また、同僚を敵に回すと気まずくなります。そういうときのために、日頃から良好な関係を保っておくことが大切です。

過去にばれた例を見ると、原因として圧倒的に多いのが、きわめて初歩的なところです。

・作業しているところを見つかってしまった。
・電話応対をしているところを聞かれてしまった。
・ホームページを見られてしまった。
・自分の家族が、社員の家族に話した。

まず、勤務時間中にお客様からの問い合わせに対応するのは絶対に止めるべきです。就業規則違反になります。他にも、日中、会社のパソコンやケータイでお客さんからのメールを確認する人がいますが、絶対にやめましょう。

また、ホームページに自分の実名をあげるのも危険です。検索エンジンなどにヒットする恐れがあるからです。しかしながら、ホームページで販売行為を行う場合、実名を明示することが訪問販売法で義務づけられています。その場合は、家族や友人の名前を使うことで回避できます。また、ウェブ上には表記せず、お問い合わせがあったら速やかにメールで回答するという対応でも可能です。

なお、意外に思われるかもしれませんが、多くの週末起業家が、自分のビジネスのことをみずから話してしまいます。人間は、「お金」よりも「承認」を求めるものです。頑張ったら、自分をほめてもらいたいのです。だから、酔った勢いなどで、つい気心の知れた仲間に話してしまうのです。しかし、人間関係ははかないものです。あなたがどんなに周囲に気を使っても、たとえばあなたが周囲よりも出世してしまった場合、「副業している あいつが、まじめにやっている自分より出世するのはおかしい」などと腹いせにばらされることがあります。

職場の関係者には、その家族を含めて、絶対に言わないことです。会社から許可を得ている場合も、やっかみの原因になることは変わりませんから、言うべきではありません。「言わぬが花」を心がけることです。

†ばれてしまった時の対処

万が一、会社や上司にばれた場合の対処法は言い訳です。どんなに気を配ってもばれることが十分ありえるという前提で、あらかじめ会社が納得しやすい言い訳を考えておくことです。

言い訳するうえで大切なことは、自分の言っていることが支離滅裂になったり、二転三転しないことです。主張すべきポイントは、

・勤務中には、絶対にやっていないこと。
・会社の資産は、有形無形を問わず絶対使っていないこと。
・自分が主体でないこと（家族、知人の手伝いであること）。

・報酬が目的でないこと。
・継続的にはやっていないこと。

これらの主張に筋が通り、一貫していることが大切です。たとえば、

「妻が、友人とビジネスを始めたのですが、女性が名前を出すと防犯上、不用心だということで名前を貸してくれと頼まれました」

「親が自営業で、学生のころから店を手伝っています。その延長で、手伝っています」

「親友がボランティア活動をはじめましたが、予想以上に忙しくなって、今だけ手伝ってくれと頼み込まれました。やむなく今だけ手伝っています」


などです。このような言い訳で、相手は100％納得はしないかもしれません。しかし「不問に付してもよい」と考える可能性は高いと思います。なんらかの処分はあっても「見解の相違」ということで、処分が甘くなる確率が高くなります。

私の場合、週末起業で経営コンサルティングの仕事をしていましたが、会社に正式な許可をもらっていたわけではありません。しかし、私がやっていることは、みんな知っていました。

不思議なもので、誰も報酬については聞いてきませんでした。どうせ大したことないだろうと思われていたのだと思います。だから大目に見てもらえたのだと思います。

†同僚への後ろめたさ

就業規則以前に、副業には、後ろめたさがつきまといます。実践している人の多くが「会社に対して、申し訳ない」と気にされます。そう考える方は、はじめから副業するのはやめておいたほうがいいでしょう。

ただ、会社は、そんなあなたを守ってくれるのか、その点はよく考えておいたほうが良いと思います。

会社という場合、多くは、上司や同僚、お世話になった「人」を指しています。あなたが「お世話になった上司や先輩を裏切れない」「職場の仲間を裏切れない」というのはもっともです。私もそうでした。

でも、副業は彼らを裏切る行為でしょうか？　よく考えてください。彼らは、「会社そのもの」ではありません。いざというとき、本当にあなたを守れますか？　彼らとて、会社に運命を握られている組織の一員ではないでしょうか。これは、社長でも同じです。サラリーマン社長だからではありません。オーナー社長でも、本人が自覚しているかどうかは別として、本来会社とは別の人格です。

会社という血の通った人間がどこかにいるわけではないのです。そして、あなたに牙をむくのも、この血の通わない「会社」という存在です。人事の人も、社長も、リストラするときは「会社を守るためだ。仕方がないのだ。自分の本意ではないのだ」と、鉄槌を下します。組織の人間は、自分という個人の意思を殺して、組織の代理人にならざるをえないのです。

会社は冷酷です。何より、あなたの潰しがきかなくなってから切ることです。さんざん使った挙句、転職はままならない、独立するためのスキルも磨いてこなかったというタイミングで鉄槌を振り下ろします。そのとき、あなたが忠誠を誓った上司や同僚は、助けてくれるのでしょうか？　そもそもその時、彼らが周りにいることすら、定かではありません。

あなたも、どこかで割り切ることです。「人を裏切らない。でも、会社が自分に牙をむいたときには備えておく」それでいいじゃないですか。それくらいのしたたかさがあってもいいのではないでしょうか？

「会社に対して、申し訳ない」という言葉も、本人が自覚しているか否かは別として、行動を起こさない言い訳として使われていることが少なくありません。ご注意ください。

†良い面、悪い面がある

週末起業をやるか、やらないか、許可を取ってやるか、黙ってやるか、いずれも良い面、悪い面があります。「どちらが正しいとか、正しくないとか」という問題ではありません。人によって、置かれた状況によって変わってくるものです。

これを自分なりに書き出してみて、ご自身の判断でやっていただくしかありません。

たとえば、週末起業をすることで失うものがあります。

・休息する時間、一家団欒の時間
・本業に対する忠誠心
・職場の人間関係をリスクにさらす

反対に、週末起業をしないことによるリスクもあります。

・自力で稼ぐ力を習得する機会
・自分の世界を広げる機会
・職場以外の人間関係を開拓する機会

他にもいろいろとあると思います。人は、変化を嫌います。いろいろと言い訳をして、つい行動しない道を選びがちです。しかし、その時楽な道を選ぶことが、後で大きな後悔につながることもあります。そうならないように、すべて書きだしたうえで、ご自身で総合的に決断してください。

ちくま新書
811

週末起業《しゅうまつきぎょう》サバイバル

二〇〇九年一〇月一〇日　第一刷発行

著者　藤井孝一（ふじい・こういち）

発行者　菊池明郎

発行所　株式会社筑摩書房
東京都台東区蔵前二-五-三　郵便番号一一一-八七五五
振替〇〇一六〇-八-四一二三

装幀者　間村俊一

印刷・製本　株式会社精興社

乱丁・落丁本の場合は、左記宛に御送付下さい。
送料小社負担でお取り替えいたします。
ご注文・お問い合わせも左記へお願いいたします。
〒三三一-八五〇七　さいたま市北区櫛引町二-六〇四
筑摩書房サービスセンター
電話〇四八-六五一-〇〇五三

ISBN978-4-480-06514-8　C0234

ちくま新書

427
週末起業
藤井孝一
週末を利用すれば、会社に勤めながらローリスクで起業できる！　本書では「こんな時代」をたくましく生きる術を提案し、その魅力と具体的な事例を紹介する。

472
週末起業チュートリアル
藤井孝一
週末起業ができる人はどこが違うのか？　成否の鍵を握るのは、会社への依存度だ。経済面と精神面、この二つの点で会社と訣別し、週末起業への一歩を踏み出そう。

002
経済学を学ぶ
岩田規久男
交換と市場、需要と供給などミクロ経済学の基本問題から財政金融政策などマクロ経済学の基礎までを、現実の経済問題に即した豊富な事例で説く明快な入門書。

035
ケインズ
——時代と経済学
吉川洋
マクロ経済学を確立した20世紀最大の経済学者ケインズ。世界経済の動きとリアルタイムで対峙して財政・金融政策の重要性を訴えた巨人の思想と理論を明快に説く。

225
知識経営のすすめ
——ナレッジマネジメントとその時代
野中郁次郎
紺野登
日本企業が競争力をつけたのは年功制や終身雇用の賜物のみならず、組織的知識創造を行ってきたからである。知識創造能力を再検討し、日本的経営の未来を探る。

263
消費資本主義のゆくえ
——コンビニから見た日本経済
松原隆一郎
既存の経済理論では説明できない九〇年代以降の消費不況。戦後日本の行動様式の変遷を追いつつ、「消費資本主義」というキーワードで現代経済を明快に解説する。

264
自分「プレゼン」術
藤原和博
第一印象で決まる人との出会い。印象に残る人と残らない人の違いはどこにあるのか？　他人に忘れさせない技術としてのプレゼンテーションのスタイルを提案する。

ちくま新書

336 高校生のための経済学入門 小塩隆士
日本の高校では経済学をきちんと教えていないようだ。本書では、実践の場面で生かせる経済学の考え方をわかりやすく解説する。お父さんにもピッタリの再入門書。

340 現場主義の知的生産法 関満博
現場には常に「発見」がある！　現場ひとすじ三〇年、国内外の六〇〇〇工場を踏査した〝歩く経済学者〟が、現場調査の要諦と、そのまとめ方を初めて明かす。

396 組織戦略の考え方 ——企業経営の健全性のために 沼上幹
組織を腐らせてしまわぬため、主体的に思考し実践しよう！　組織設計の基本から腐敗への対処法まで「これウチの会社！」と誰もが嘆くケース満載の組織戦略入門。

455 創造経営の戦略 ——知識イノベーションとデザイン 紺野登
企業の成長力とは何か？　それは組織や個を貫く「創造性」である。本書では「ブランド」「経験」「デザイン」などの概念を紹介し、次代の経営戦略の在り方を探る。

458 経営がわかる会計入門 永野則雄
長引く不況下を生きぬくには、経営の実情と一歩先を読みとくための「会計」知識が欠かせない。現実の会社の「生きた数字」を例に説く、役に立つ入門書の決定版！

459 はじめて学ぶ金融論〈ビジュアル新書〉 中北徹
複雑な金融の仕組みを、図を用いてわかりやすく解説。情報の非対称性、不良債権、税効果会計など、基本から最新のトピックを網羅。これ一冊で金融がわかる！

464 ホンネで動かす組織論 太田肇
「注文が殺到して嬉しい悲鳴！」とか「全社一丸となって！」というのは経営側に都合のいい言葉であって、従業員には響かない。タテマエの押し付けはもうやめよう。

ちくま新書

ちくま新書

626
おまけより割引してほしい
――値ごろ感の経済心理学
徳田賢二
商品に思わず手が伸びてしまう心理にはどんな仕組みが隠されているのだろうか。身近な「値ごろ感」をキーに、消費者行動の不思議に迫る経済心理学読本。

628
ダメな議論
――論理思考で見抜く
飯田泰之
国民的「常識」の中にも、根拠のない〝ダメ議論〟が紛れ込んでいる。そうした、人をその気にさせる怪しい議論をどう見抜くか。その方法を分かりやすく伝授する。

729
閉塞経済
――金融資本主義のゆくえ
金子勝
サブプライムローン問題はなぜ起こったのか。格差社会がなぜもたらされたのか。現実経済を説明できなくなった主流経済学の限界を指摘し、新しい経済学を提唱する。

780
資本主義の暴走をいかに抑えるか
柴田徳太郎
資本主義とは、不安定性を抱えもったものだ。これに対処すべく歴史的に様々な制度が構築されてきたが、現在、世界を覆う経済危機にはどんな制度で臨めばよいのか。

785
経済学の名著30
松原隆一郎
スミス、マルクスから、ケインズ、ハイエクを経てセンまで。各時代の危機に対峙することで生まれた名著には混沌とする経済の今を捉えるためのヒントが満ちている！

786
金融危機にどう立ち向かうか
――「失われた15年」の教訓
田中隆之
「失われた15年」において、日本では量的緩和など多様な金融財政政策が打ち出された。これらの政策は、どのような狙いと効果をもったのか。平成不況を総括する。

797
会計学はこう考える
友岡賛
会計の目的とは何か？　企業は誰のものか？　時価会計とは？　会計制度と法の関係は？　「そもそも」から考えれば、会計の構造と使い方が鮮やかに見えてくる。